Muhammet Serdar Başçıl

FPGA Tabanlı Uzaktan Erişilebilir Sayısal Sistem Laboratuarı

Muhammet Serdar Başçıl

FPGA Tabanlı Uzaktan Erişilebilir Sayısal Sistem Laboratuarı

Türkiye Alim Kitapları

Impressum / Yayınevi adı
Bibliografische Information der Deutschen Nationalbibliothek: Die Deutsche Nationalbibliothek verzeichnet diese Publikation in der Deutschen Nationalbibliografie; detaillierte bibliografische Daten sind im Internet über http://dnb.d-nb.de abrufbar.

Deutsche Nationalbibliothek tarafından yayınlanan bibliyografik bilgiler: Deutsche Nationalbibliothek, bu yayını Deutsche Nationalbibliografie'de listeler; detaylı bibliyografik bilgi İnternet'te http://dnb.d-nb.de sitesinde mevcuttur.

Coverbild / Kitap kapağı resmi: www.ingimage.com

Verlag / Yayıncı:
Türkiye Alim Kitapları
ist ein Imprint der / yayınevinin bir ticari markasıdır
OmniScriptum GmbH & Co. KG
Heinrich-Böcking-Str. 6-8, 66121 Saarbrücken, Deutschland / Almanya
Email / E-posta: info@turkiye-alim-kitaplary.com

Herstellung: siehe letzte Seite /
Basım yeri: son sayfaya bakın
ISBN: 978-3-639-67275-6

Zugl. / Approved by: Sakarya, Sakarya Üniversitesi, 2011

TEŞEKKÜR

Çalışmamın bu aşamaya gelmesinde bana çalışma azmi veren, her zaman yanımda olan, sağlığımı koruyup beni gözeten yüce rabbime sonsuz teşekkürlerimi evvela bir borç bilirim. Hayatım boyunca bana her türlü maddi ve manevi desteklerini esirgemeyip beni bugünlere getiren ve her şeyin en iyisine layık olan aileme de çok teşekkür ederim.

Bu alanda beni teşvik eden Yrd. Doç. Dr. İrfan Yazıcı hocama ve benden engin bilgilerini esirgemeyen Bozok Üniversitesi Elektrik-Elektronik Mühendisliği Bölümü öğretim üyelerinden Prof. Dr. Feyzullah TEMURTAŞ hocama da teşekkürlerimi sunarım.

İÇİNDEKİLER

TEŞEKKÜR.. i

İÇİNDEKİLER ii

SİMGELER VE KISALTMALAR LİSTESİ.. v

ŞEKİLLER LİSTESİ vi

TABLOLAR LİSTESİ.. ix

ÖZET.. x

SUMMARY.. xi

BÖLÜM 1.

GİRİŞ.. 1

1.1. FPGA Tabanlı Uzaktan Erişilebilen Sayısal Sistem Laboratuarı Çalışmaları.. 2

BÖLÜM 2.

ALAN PROGRAMLANABİLİR KAPI DİZİLERİ (Field Pragrammable Gate Arrays – FPGAs).. 11

2.1. FPGA Tarihçesi.. 11

2.1.1. CPLD(Complex Programmable Logic Device) yapısı.................... 11

2.2. FPGA Mimarisi.. 13

2.2.1. FPGA üretim teknolojileri.. 15

2.2.1.1. SRAM tabanlı mimari.. 15

2.2.1.2. Anti sigorta tabanlı mimari.. 15

2.2.1.3. EEPROM/Flash tabanlı mimari.. 16

2.2.1.4. Melez SRAM-Flash tabanlı mimari.. 16

2.2.2. Programlanabilir mantık bloklarının yapısı.................................... 17

2.2.2.1. Doğruluk tablosu(Look-Up Table - LUT) tabanlı yapı....... 17

2.2.2.2. Çoğullayıcı(Multiplexer-MUX) tabanlı yapı...................... 18

2.2.3. Giriş/Çıkış birimleri.. 19

2.2.4. Programlanabilir ara bağlantıla.. 21

2.2.4.1. Ada bağlantı modeli.. 22

2.2.4.2. Hücresel bağlantı modeli.. 22

2.2.4.3. Uzun hat bağlantı modeli.. 23
2.2.4.4. Sıralı bağlantı modeli.. 24
2.3. FPGA Uygulama ve Geliştirme Kartı.. 25

BÖLÜM 3.
DONANIM TANIMLAMA DİLİ (VHSIC Harware Description Language – VHDL).. 28
3.1. VHDL'nin Gelişim Süreci.. 28
3.2. VHDL'nin Kavramları.. 29
3.2.1. Ardışık(Sequential) atama.. 30
3.2.2. Eş zamanlı(Concurrent) atama.. 30
3.3. VHDL'nin Modelleme Teknikleri.. 30
3.3.1. Soyutlama.. 31
3.3.1.1. VHDL'nin soyutlama seviyeleri.. 31
3.3.2. Modülarite ve hiyerarşi.. 34
3.4. VHDL'nin Genel Yapısı.. 35
3.5. VHDL'nin Yapısal Elemanları.. 36
3.5.1. Varlık(Entity).. 36
3.5.2. Mimari(Architecture).. 37
3.5.2.1. İşlem(Process).. 38
3.5.3. Konfigürasyon(Configuration).. 39
3.5.4. Paket(Package).. 41
3.5.4.1. Kütüphane(Library).. 42
3.6. VHDL Operatörleri.. 42
3.7. VHDL Tasarım Akışı.. 44

BÖLÜM 4.
QUARTUS II WEB EDITION YAZILIMI.. 45
4.1. Yeni Proje Oluşturma.. 47
4.2.Çalışma Ortamı Seçimi.. 52
4.2.1. Block Diagram/Schematic File.. 53
4.2.2. VHDL File.. 56

4.2.2.1. Yazılımsal çalışma üzerinden sembol dosyası oluşturma.... 58
4.2.2.2. Oluşturulan sembol dosyasını kullanma.......................... 59
4.3. Tasarının derlenmesi ve Pin Atamaları.......................... 61
4.4. Çalışmanın FPGA'ya Yüklenmesi.......................... 65

BÖLÜM 5.
TASARLANAN LABORATUAR PROTOTİPİ.......................... 68
5.1. Tasarlanan Modül Nesneleri.......................... 69
5.1.1. Switch modül.......................... 70
5.1.2. Led modül.......................... 72
5.1.3. Two_Digit_SSD modül.......................... 74
5.2. RS232 Haberleşme Protokolü.......................... 78
5.3.Tasarlanan Modül Nesnelerinin Örnek Bir Uygulama Üzerinden Dijital Tasarım İçerisinde Kullanımının Açılanması.......................... 80
5.4. Tasarlanan Görsel Arayüz.......................... 83
5.5. Kullanıcı Sınırlandırmalı Uzak Masaüstü Bağlantısı.......................... 85

BÖLÜM 6.
UYGULAMA VE SONUÇLAR.......................... 91

BÖLÜM 7.
TARTIŞMA VE ÖNERİLER.......................... 96

KAYNAKLAR.......................... 99

SİMGELER VE KISALTMALAR LİSTESİ

BSR : Sınır tarama kaydedicisi
CPLD : Karmaşık rogramlanabilir lojik aygıt
DHO : Dijital Hafızalı Osiloskop
FPGA : Alan programlanabilir kapı dizisi
GUI : Grafiksel kullanıcı arayüzü
HDL : Donanım tanımlama dili
IEEE : Elektrik ve Elektronik Mühendisleri Enstitüsü
LA : Lojik Analizör
LUT : Doğruluk tablosu
MUX : Çoğullayıcı
PLD : Programlanabilir lojik aygıt
RTL : Kaydedici transfer seviyesi
SJ : Sinyal Jeneratörü
SRAM : Statik rasgele erişimli bellek
VHDL : Çok yüksek hızlı entegre devre donanımlarını tanımlama dili
VHSIC : Çok yüksek hızlı entegre devre
VNC : Sanal ağ yöneticisi programı
VPN : Sanal olarak özelleştirilmiş ağ yönetim programı

ŞEKİLLER LİSTESİ

Şekil 2.1. PLD Yapısı ... 12

Şekil 2.2. Genel CPLD Yapısı ... 13

Şekil 2.3. FPGA Genel Yapısı ... 14

Şekil 2.4. Mantık Bloğunun Yapısı ... 17

Şekil 2.5. W=(X & Y) | Z fonksiyonu ve LUT Tablosu ... 18

Şekil 2.6. W=(X & Y) | Z fonksiyonu ve MUX tabanlı yapısı ... 19

Şekil 2.7. Giriş/Çıkış Birimleri ... 20

Şekil 2.8. Programlanabilir Ara Bağlantı Yapıları ... 21

Şekil 2.9. Ada Bağlantı Mimarisi Genel Yapısı ... 22

Şekil 2.10. Hücresel Bağlantı Mimarisi Genel Yapısı ... 23

Şekil 2.11. Uzun Hat Bağlantı Mimarisi Genel Yapısı ... 23

Şekil 2.12. Sıralı Bağlantı Mimarisi Genel Yapısı ... 24

Şekil 2.13. Altera DE2 Uygulama ve Geliştirme Kartı Blok Şeması ... 26

Şekil 2.14. Altera DE2 Uygulama ve Geliştirme Kartı ... 27

Şekil 3.1. VHDL Soyutlama Seviyeleri ... 32

Şekil 3.2. Davranışsal Seviye Tanımlama Örneği ... 32

Şekil 3.3. RTL Seviyesi Tanımlama Örneği ... 33

Şekil 3.4. Kapı Seviyesi Tanımlama Örneği ... 34

Şekil 3.5. VHDL Kod Örneği ... 35

Şekil 3.6. Entity Örneği ... 37

Şekil 3.7. Architecture Örneği ... 38

Şekil 3.8. Process Örneği ... 39

Şekil 3.9. Configuration Örneği ... 40

Şekil 3.10. Package Örneği ... 41

Şekil 3.11. Package Kullanım Örneği ... 41

Şekil 3.12. Library Kullanım Örneği ... 42

Şekil 3.13. VHDL Tasarım Akışı ... 44

Şekil 4.1. Quartus II Web Edition Yazılımı Arayüzü ... 45

Şekil 4.2. File Menüsünden Yeni Proje Oluşturma ... 47

Şekil 4.3. Bilgilendirme Ekranı ... 48

Şekil 4.4. Yeni Proje Oluşturma 1.Aşama 48
Şekil 4.5. Yeni Proje Oluşturma 2.Aşama 49
Şekil 4.6. Yeni Proje Oluşturma 3.Aşama 50
Şekil 4.7. Yeni Proje Oluşturma 4.Aşama 50
Şekil 4.8. Yeni Proje Oluşturma 5.Aşama 51
Şekil 4.9. Yeni Proje 51
Şekil 4.10. Çalışma Ortamı Seçim Ekranı 52
Şekil 4.11. Block Diagram/Schematic File Ekranı 53
Şekil 4.12. Quartus Kütüphane Ekranı 54
Şekil 4.13. İki Girişli Örnek VE Kapısı Şematik Çizimi 55
Şekil 4.14. VHDL File Ekranı 56
Şekil 4.15. İki Girişli Örnek VE Kapısı Yazılımsal Gösterimi 58
Şekil 4.16. Kod ile Sembol Dosyası Oluşturma 59
Şekil 4.17. Oluşan Sembol Dosyası 60
Şekil 4.18. Tasarının Derlenmesi 61
Şekil 4.19. Doğru Bir Tasarım İşlemi 61
Şekil 4.20. Pin Atama İşlemi 62
Şekil 4.21. Pin Planner Ekranı 63
Şekil 4.22. Pin Properties Ekranı 64
Şekil 4.23. All Pins 64
Şekil 4.24. İki Girişli Örnek VE Kapısı için Atanan Pin Değerleri 65
Şekil 4.25. Programmer 66
Şekil 4.26. Programmer Ekranı 67
Şekil 4.27. Progress Kısmı 67
Şekil 5.1. Tasarlanan Laboratuar Prototipinin Blok Diyagramı 68
Şekil 5.2. Tasarlanan Laboratuar Prototipinin Genel Gösterimi 69
Şekil 5.3. Switch Modül Quartus Nesnesi 70
Şekil 5.4. Led Modül Quartus Nesnesi 72
Şekil 5.5. Two_Digit_SSD Modül Quartus Nesnesi 75
Şekil 5.6. 7 Parçalı Gösterge Durumları ve Karşılık Tablosu 78
Şekil 5.7. 1 Bayt verinin RS232 ile Taşınması 79
Şekil 5.8. DE2 Kartı RS232 Bağlantı Şeması 79
Şekil 5.9. Modül Nesnelerinin Proje Klasörü Altına Kopyalanması 80

Şekil 5.10. Modül Nesnelerinin Project Klasöründen Seçilmesi.................... 81
Şekil 5.11. Modül Nesnelerinin Çalışma Alanına Yerleştirilmesi.................. 81
Şekil 5.12. Switch_Modul ve Led_Modul Nesneleri ile Tasarlanan 4 Bit İleri-Geri Sayıcı Örneği.. 82
Şekil 5.13. Tasarlanan Görsel Arayüz.. 83
Şekil 5.14. Sanal Lojik Analizör Görüntüsü.. 84
Şekil 5.15. Uzak Masaüstü Bağlantı Ekranı-1.. 85
Şekil 5.16. Uzak Masaüstü Bağlantı Ayarları.. 86
Şekil 5.17. Uzak Masaüstü Bağlantısı Yerel Kaynaklar................................. 87
Şekil 5.18. Uzak Masaüstü Bağlantısı Dosya Paylaşımı................................ 87
Şekil 5.19. Uzak Masaüstü Bağlantı Ekranı-2.. 88
Şekil 5.20. Uzak Bilgisayar Windows Oturum Açma Ekranı.......................... 88
Şekil 5.21. Uzak Masaüstü Görüntüsü.. 89
Şekil 6.1. Tasarlanan Prototip Laboratuar.. 91
Şekil 6.2. Two_Digit_SSD Modül Kullanılarak Tasarlanan 99 Sayıcı Örneği.. 93
Şekil 6.3. DE2 Kartının 99 Sayıcı Örneğini Yürütmesi................................ 94
Şekil 6.4. Çalışan 99 Sayıcı Örneğinin Uzak Laboratuardaki Görüntüsü.... 94

TABLOLAR LİSTESİ

Tablo 3.1. Aritmetik Operatörler.......... 42
Tablo 3.2. Mantıksal(Lojik) Operatörler.......... 43
Tablo 3.3. Karşılaştırma Operatörleri.......... 43
Tablo 7.1. FPGA Tabanlı Uzaktan Erişilebilir Sayısal Sistem Laboratuarı Çalışmaları.......... 96

ÖZET

Anahtar kelimeler: İnternet, Uzaktan erişim ve Kontrol Laboratuarları, Modül nesneleri, Alan Programlanabilir Kapı Dizileri (FPGAs), Uzak masa üstü bağlantısı, Web kamera, Sanal lojik analizör.

İnternet günlük yaşantımıza girdiğinden beri, uzaktan erişim ve kontrol üzerine yapılan çalışmalar ve bu yöndeki uygulamalar gün geçtikçe artmış ve gelişmiştir. Uzaktan erişim ve kontrol, ulaşmak istediğimiz kaynağı sanki ordaymışız gibi kullanmamıza imkan sağlayan bir uygulamadır. Bu doğrultuda gelişen ve yaygınlaşmaya başlayan çalışma alanlarından birisi de, son zamanlarda popüler hale gelen uzaktan erişim ve kontrol laboratuarlarıdır. Uzaktan erişim laboratuarları, internet aracılığı ile dünyanın herhangi bir yerinden laboratuar ortamındaki cihazlara erişimin sağlandığı, yazılımsal olarak deneylerin yapılabildiği, komut gönderilerek sonuç bilgisinin alınabildiği ve hatta laboratuar görüntüsünün canlı olarak görülebildiği uygulamalarıdır. Bu sayede, öğrenci fiziksel olarak laboratuara gelmeden evden, işten ya da internete erişebileceği herhangi bir ortamdan, Elektrik Elektronik Mühendisliği'nde temel teşkil eden lojik devre deneylerini, uzaktan erişim ile yazılımsal olarak yapabilir ve sonuçları bire bir gözleyebilir. Alan Programlanabilir Kapı Dizileri (FPGA) kullanılarak yapılan çalışmalar, bu laboratuarların avantajını genişleterek kullanım amaçlarını arttırmaktadır.

Bu çalışma ile dijital tasarım deneylerinin uzaktan yapılabilmesi için FPGA tabanlı uzaktan erişilebilir bir sayısal sistem prototip tasarlanması amaçlanmıştır. Tasarlanan sistem içerisinde, modül olarak adlandırılan ve dijital tasarımlar içerisinde kullanılan üç farklı nesne oluşturulmuştur. Ayrıca, bu nesneler görsel bir ara yüz üzerinde simüle edilerek görsel bir çalışma ortamı meydana getirilmiştir. Kullanıcıların laboratuar ortamına erişimleri, internet aracılığı ile kullanıcı sınırlandırmalı uzak masa üstü bağlantısı kullanılarak sağlanmaktadır. Uzak laboratuar ortamında yer alan web kamera ile FPGA kitinin görüntüsü canlı olarak izlenebilmektedir. Ayrıca, programsal olarak sanal bir lojik analizör tasarımı yapılmış ve sistem üzerindeki sinyal durumları, sinyallerin periyot ve frekans sınırları grafiksel olarak kullanıcıların görselliğine sunulmuştur.

Bu çalışma, 110E069 numaralı TÜBİTAK Projesi (Uzaktan Erişilebilir Donanım Üzerine Eğitim Amaçlı Mikro Bilgisayar Mimarisi ve Gömülü İşletim Sistemi Tasarımı) kapsamında desteklenmiştir.

FPGA BASED REMOTE ACCESSIBLE DIGITAL SYSTEM LABORATORY PROTOTYPE DESIGN

SUMMARY

Key Words: Internet, Remote access and control laboratories, Module objects, Field Programmable Gate Arrays(FPGAs), Remote desktop connection, Web camera, Virtual logic analyzer.

Since the internet took part our daily life, the studies on remote access and control applications has increased and developed day by day. Remote Access and control is an application that enables us to reach the source as though it. One of the growing and wide spreading areas on this direction is remote Access and control laboratories which recently became popular. These laboratories are applications that can be accessed to devices at laboratory environment form anywhere in the world via internet, can be done experiments with software, can be obtained knowledge of results by sending the command and can be seen live video stream of laboratory. In this way, students makes the logic circuit experiments which is one of the basics of the Electrical and Electronics Engineering by software without physically coming to the laboratory environment from home, work or anywhere accessing the internet and observe the results. These laboratories advantages extends and increases using Field Programmable Gate Arrays(FPGAs).

In this study, a FPGA based remote accessible digital system prototype design have been aimed to design digital circuit experiments remotely. Three different objects called module have been created to use in digital design with this study. In addition, a visual environment have been constituted to simulate these objects. To Access the laboratory environment have been on remote desktop connection via internet. The live video stream of the FPGA board can be seen by a web camera at the remote laboratory environment. Also, a virtual logic analyzer have been designed programmatically and signal status on the system, signal period and frequency limits have been presented graphically and virtually to user.

This study has been supported by TUBITAK with the 110E069 project number (The Microcomputer Architecture and Embedded Operating System Design on Reconfigurable Hardware which can be Accessed Remotely for Educational Purpose).

BÖLÜM 1. GİRİŞ

1980'lerin ortalarına doğru icat edilen Alan Programlanabilir Kapı Dizileri (FPGA), basit lojik kapı dizlerinin yerini alarak kullanıcılar için yapılandırılabilir mikroçip teknolojisi sunan muazzam bir teknoloji ürünüdür [1,2]. Mühendislik, bilim, teknoloji, sağlık ve eğitim alanlarında teknolojik gelişimlerle doğru orantılı olarak giderek büyüyen bir ihtiyaç haline gelmiştir [3-5]. Son zamanlarda popüler hale gelen FPGA tabanlı uzaktan erişilebilir sayısal sistem laboratuarları da, bu doğrultuda gelişen ve yaygınlaşmaya başlayan çalışma alanlarından birini oluşturmaktadır.

Laboratuarlar, mesleğe yönelik eğitim alan öğrenciler için vazgeçilmez teknik eğitim ortamlarıdır. Öğrenci, laboratuar ortamında mesleği ile ilgi deneyleri yaparak teorik ile pratik bilgiyi bağdaştırmayı öğrenir ve kendi bilgi düzeyini daha üst seviyeye çıkarır. Ancak öğrencinin laboratuarı kullanabilmesi için kendine ayrılan saatte laboratuara gelmesi gereklidir. Ayrıca laboratuardaki güvenliği ve düzeni sağlamak için de bir görevliye ihtiyaç duyulmaktadır. Bunun yanında, öğrenci deney yaparken yanlış bağlantı, dikkatsizlik, yanlış ölçüm vb. gibi durumlarda kullanılan cihazlara da zarar verebilir. İşte bu gibi dezavantajları ortadan kaldırmak için uzaktan erişilebilir laboratuarlar tasarlanmıştır.

Uzaktan erişilebilir laboratuarlar, internet aracılığı ile dünyanın herhangi bir yerinden laboratuar ortamındaki cihazlara erişimin sağlandığı, yazılımsal olarak deneylerin yapılabildiği, komut gönderilerek sonuç bilgisinin alınabildiği ve hatta laboratuar görüntüsünün canlı olarak görülebildiği uygulamalardır [6-14]. Bu gibi avantajları sayesinde mühendislik eğitimi alan öğrenciler içinde iyi bir eğitim ortamı sağlamaktadır. Öğrencinin lokal laboratuarı kullanabilmesi için kendine ayrılan saatte laboratuara gelmesi gerekliliğini ortadan kaldırarak esnek bir kullanım amacı sağladığı gibi gerçek laboratuar ortamında yapılması muhtemel olan yanlış bağlantı, dikkatsizlik, yanlış ölçüm vb. gibi durumlarda, kullanılan cihazların da zarar görmesini önlemektedir [15,16].

Uzaktan erişim ve kontrol üzerindeki çalışmaların oldukça köklü bir geçmişi bulunmakla birlikte, bu konudaki ilk çalışmalar Argone Ulusal Laboratuarı tarafından 1954 yılında geliştirilen master-slave tele operatörlere kadar dayanmaktadır [17]. Bu dönemden sonra değişik amaçlı çalışmalar üzerinde yoğunlaşılmış ve 1991 yılına gelindiğinde Aburdene ve arkadaşları uzaktan kontrollü sistem laboratuarı tasarımını amaçlayarak üniversiteler arasında uzaktan data paylaşımını sağlayan, ilk uzaktan kontrollü sistem laboratuarını yapmayı başarmışlardır [18]. Bu çalışma sonraki yıllarda, McKee ve Barson kullanmış oluşturdukları robotik laboratuarını paylaşıma açmak ve uzaktan erişim sağlayabilmek amacıyla interneti kullanmaları [19], Esche ve arkadaşları Stevens Teknoloji Enstitüsü'nde lisans öğrencilerinin laboratuar eğitimleri için internet tabanlı uzaktan erişim yaklaşımını benimsemesi [20], Salzmann ve arkadaşlarının internet üzerinden gerçek zamanlı kontrol edilebilen online mühendislik laboratuarları üzerinde çalışması [21], Chen ve Crotty bir telefon sayesinde mikrokontrolörlerin uzaktan kontrol edilebilmesini başarması [22], Fujii çoklu kullanıcı erişimi için ortaya koyduğu randevu sistemine sahip donanım tasarımı ve testi sağlayan uzaktan erişim laboratuarını oluşturması [23], Çizgi TAGEM firmasının internet aracılığı ile uzak masa üstü bağlantısı sayesinde e-Lab FPGA adı altında tüm kullanıcıların hizmetine sunduğu gömülü sistem laboratuarı meydana getirmesi [24] gibi FPGA temelli uzaktan erişilebilen çalışmalara ön ayak olmuştur.

1.1. FPGA Tabanlı Uzaktan Erişilebilen Sayısal Sistem Laboratuarları Çalışmaları

FPGA tabanlı uzaktan erişilebilen sayısal sistem laboratuarı uygulamaları çalışmalarının 2000 yılında başladığı görülmüştür.

Nouel ve arkadaşları, 2000, Fransızca da uzaktan erişilebilir FPGA test devresi anlamına gelen "MEsure à DIstance de CIrcuitS" kelimesindeki büyük harflerin bir araya gelmesiyle oluşan MEDICIS adını verdikleri uzaktan erişilebilen bir FPGA laboratuarı oluşturmuşlardır. Client/server (istemci yada kullanıcı bilgisayar / sunucu bilgisayar) temeline göre tasarlanmış olan bu yapı, kullanıcıya görsel bir ara yüz sunmak için Java programlama dili kullanmaktadır. MEDICIS, sunucuya RS232 portu aracılığı ile bağlı bir lojik analizör (HP16500A) ve problar aracılığı ile lojik analizöre bağlı bir Xilinx 4600E FPGA kartı içermektedir. VHDL donanım tasarlama dili ile yazılan program, kullanıcı tarafında simüle edilerek sunucu bilgisayar tarafına aktarılmakta lojik ve FPGA'nın yapılandırılması sağlanmaktadır. Sonuç çıktılarının değerlendirilmesi ise, FPGA çıkış sinyallerinin lojik analizör tarafından toplanarak sunucuya ve buradan da internet üzerinden kullanıcı kısmına iletilmesiyle kullanıcı tarafından yapılmaktadır [25].

Izumi ve arkadaşları, 2001, dijital devre deneyleri için web tabanlı yeni bir eğitim sistemi tasarlamayı amaçlamış ve client/server (istemci yada kullanıcı bilgisayar / sunucu bilgisayar) modelini benimsemişlerdir. Eğitim ünitesi olarak Altera Apex FPGA kartı kullanmışlardır. Sunucu kısmında yer alan grafiksel ara yüz programı ile görsel olarak oluşturulan lojik tasarım, internet üzerinden HDL kodu olarak JTAG arabirimi yardımıyla FPGA'ya yazılmaktadır. Kullanıcı ara yüz programı üzerinden devrenin giriş uçlarını 1 ya da 0 olarak belirleyebilmekte ve devre girişine uygulanacak saat frekansını seçerek binary dizisi olarak FPGA'ya uygulayabilmektedir. Elde edilen sonuçlar, FPGA içinde yer alan BSR (Boundary Scan Register) kullanılarak kontrol edilmiştir [26].

McCraken ve arkadaşları, 2003, MUDL (Multi-User Distance Laboratory) adını verdikleri birden çok kullanıcının aynı ortam üzerinde buluşup, gerek görüntülü gerekse yazılı mesaj sayesinde fikir paylaşımı yaparak uzaktan FPGA kontrolü sağlayabildikleri bir laboratuar tasarlamışlardır. Bu tasarıda, kullanıcılar ile uzaktaki bilgisayar arasında sanki uzak masaüstü bağlantısı kuruyormuş gibi bir imkan sağlayan VNC (Virtual Network Computing) programı ve birden çok kullanıcının aynı ortamda buluşmasını sağlayan COTS (Commercial Off The Shelf) yazılım alt yapısı kullanılmıştır. Aynı ortama giriş yapan kullanıcıların birbirleriyle video konferans formatında görüşebilmeleri ve yazışma yapabilmeleri de MS NetMeeting yazılım uygulaması tarafından sağlanmıştır. Programlama ünitesi olarak Altera UP1 FPGA kartı seçilmiş ve kullanıcıların FPGA girişlerini görsel anahtar ve butonlar üzerinden değiştirip çıkışları da ledler üzerinden görebilmeleri için basit bir ara yüz programı tasarlanmıştır [27].

Pastor ve arkadaşları, 2004, FPGA tabanlı RISC (Reduced Instruction Set Computer) mikroişlemci yapısına sahip uzaktan erişilebilen bir laboratuar tasarlamışlardır. Yüksek hafıza kapasitesine sahip olması nedeniyle XILINX XC4013E FPGA kartı kullanılmış ve bu kartın yapılandırılmasını sağlamak amacıyla da akademik amaçlar için kullanılan ve yeniden yapılandırılabilen Labomat3 düzeninden faydalanmışlardır. Uzak laboratuara erişim internet üzerinden client/server (istemci yada kullanıcı bilgisayar / sunucu bilgisayar) yapısı kullanılarak sağlanmıştır. Web tasarımı ile gerçekleştirilen bir ara yüz sayesinde kullanıcının yazmış olduğu mikroişlemci tasarım kodu, MicroDebug programı sayesinde internet üzerinden sunucuya iletilerek FPGA'ya yazılmış ve donanımın test edilmesi sağlanmıştır [28].

Rusten ve Kolberg, 2004, OICLab (One Instruction Computer Laboratory) adını verdikleri client/server (istemci yada kullanıcı bilgisayar / sunucu bilgisayar) yapısı kullanan uzaktan erişimli bir laboratuar tasarlamışlardır. Kullanıcı, HTML tabanlı özel Java Applet uygulaması kullanan bir ara yüz ile kullanıcı bilgisayar üzerinden internet aracılığı ile sunucuya bağlanarak OICLab'a erişmektedir. Değişik tasarıların dizayn edilerek FPGA'ya uygulanması için sunucu üzerinde yer alan C# tabanlı görsel bir ortam kullanılmıştır. Laboratuara eklenen standart bir web kamerası ile donanım çalışması gerçek zamanlı olarak gözlenmiştir [29].

Fujii ve Koike, 2005, TDeLMS (Topdown eLearning System) adını verdikleri donanım tasarımı ve dijital devre deneyleri için uzaktan erişilebilen yeni bir laboratuar geliştirmişlerdir. Birden çok kullanıcı internet üzerinden aynı anda laboratuardaki sunucuya erişmek istediğinde, oluşabilecek kargaşayı önlemek ve öncelik sırasını belirlemek için iş ve zaman paylaşımı sağlayan bir sistem kullanmışlardır. Uygulama kartı olarak Xilinx FPGA, sonuçların test edilmesi içinde lojik analizör (Tetronix TLAVu) kullanılmıştır. Kullanıcının kampüs alanındaki laboratuara internet üzerinden güvenli bir şekilde erişimi için VPN (Virtual Private Network) erişim protokolü kullanılmaktadır. Kullanıcı, servis sağlayıcısı üzerindeki grafiksel ara yüz programını kullanarak HDL kodu ile hazırladığı tasarısını FPGA'ya yazmakta ve yine bu ara yüz üzerinden lojik analizörü kullanarak FPGA çıkış sinyallerini gözlemlemektedir [23].

Hashemian ve Pedapati, 2005, Kuzey Illinois Üniversitesi Elektrik Elektronik Mühendisliği'nde, mühendislik eğitiminin deneysel olarak kurs niteliğinde pekiştirilmesi için internet erişimini kullanan bir tasarım laboratuarı geliştirmişlerdir. Bu çalışmada, öğrenci Xilinx ISE ve ModelSim araçlarını kullanarak kendi bilgisayarı başında lojik tasarımını oluşturup simülasyonunu gerçekleştirdikten sonra elde ettiği "design.bit" dosyasını, tasarlanmış olan web sitesi üzerinden laboratuarındaki bilgisayara iletmektedir. Bu dosyayı alan bilgisayar, kendisine JTAG protokolü ile bağlı bulunan Xilinx FPGA'ya açılma komutu gönderip açılmasını ve bu tasarım dosyasının FPGA'ya yazılmasını sağlamaktadır. Kullanıcı tarafından gönderilen giriş sinyaline göre FPGA'nın ürettiği sonuç çıktıları, internet aracılığı ile web sitesi üzerinden kullanıcıya iletilip simülason sonuçlarıyla karşılaştırılarak test işlemi gerçekleştirilmektedir [30].

Proske ve Trodhandl, 2006, gömülü sistem eğitimi için uzaktan erişilebilen bir laboratuar yaklaşımı üzerinde durmaktadırlar. Öğrencilerin laboratuara erişimi iki farklı yöntem ile sağlanmıştır. İlk yöntemde microsoft windows uygulamasının uzak masaüstü erişimi, diğer yöntemde de yine kendi geliştirdikleri ve kullanıcı bilgisayara yüklenerek FPGA'nın programlanmasından test aşamasına kadar gerekli olan bütün işlemleri sağlayan bir yazılım (Knoppix Cd) ile client/server (istemci yada kullanıcı bilgisayar / sunucu bilgisayar) yapısını kullanmışlardır. Bu uygulamada görsel ara yüz olarak X-Windows programından faydalanılmıştır. Her iki uygulamada da sonuçlar laboratuardaki bilgisayara bağlı olan usb web kamera aracılığı canlı olarak izlenmiştir [31].

Fujii ve Koike, 2006, web tabanlı uzaktan erişilebilen bir laboratuar üzerinde yoğunlaşmışlardır. Birden fazla kullanıcının çok sayıdaki sunucu üzerinden FPGA kartlarına, lojik analizör ve sinyal üreteçlerine (Tektronix TLA714) ulaşmasını sağlamak amacıyla Condor yazılımını geliştirerek, bir randevu sistemi tasarlamışlardır. Oluşturulan web ara yüzü aracılığı ile internet üzerinden laboratuardaki sunuculara erişilerek Xilinx FPGA kartı programlanmakta ve network uyumlu lojik analizör üzerinden geri dönüşümlü olarak FPGA çıkış bilgisi kullanıcı tarafında değerlendirilmektedir [32].

Hashemian ve Riddley, 2007, dijital donanımların yapılandırılarak test işlemini gerçekleitiren bir metot üzerinde çalışmışlardır. Kurmuş oldukları laboratuar ortamına microsoft windows uzak masaüstü bağlantısı ile erişim sağlamışlardır. Kullanıcı, Xilinx araçlarıyla kendi bilgisayarında tasarladığı dijital devre sonucunda oluşan ".bit" uzantılı dosyayı uzak laboratuardaki bilgisayara ftp, e-posta ya da paylaşılan bir web sitesi üzerinden göndermektedir. Sonrasında uzak masaüstü bağlantısı ile laboratuardaki bilgisayara erişip, bu dosya ile laboratuardaki bilgisayara bağlı olan Xilinx Spartan-3E FPGA kartını yapılandırmaktadır. LabView uygulaması ile tasarlanan görsel aya yüz üzerinden FPGA giriş ve çıkışları gözlenmiş ve Hyper terminal programı aracılığı ile bilgi iletişimi sağlanmaktadır. Ayrıca, bir web kamera üzerinden de FPGA çıktıları canlı olarak gözlenmiştir [33].

Datta ve Sass, 2007, internet üzerinden kullanıcıların ulaşabileceği bir FPGA havuzu oluşturmayı amaçlamışlardır. Bu proje, uzak erişim için kullanılan 64 adet Xilinx ML-301 FPGA kartı, FPGA'lara güç sağlamak için 24 adet PDU (Power Distribution Unit), SNMP (Simple Network Management Protocol) protokolünü kullanan servis sağlayıcı ve network için HP Procurve 10/100 Ethernet switchten oluşmaktadır. Bütün FPGA kartları kurulan network üzerinden usb aracılığı ile sunucuya bağlanmış ve her birine farklı IP tahsis edilmiştir. Kullanıcılar web üzerinden laboratuara erişerek, sunucu tarafında oluşturulan bir yazılım aracılığı ile kullanımda olmayan bir FPGA üzerinde oturum açıp çalışmalarını bu şekilde gerçekleştirmiştir [34].

Persiano ve arkadaşları, 2007, FPGA kullanılarak yapılmış uzaktan erişilebilen üç ayrı laboratuar uygulamasının yer aldığı bir çalışma sunmuşlardır. LabView görsel programı kullanılarak geliştirilmiş web ara yüzü üzerinden bir sayıcı, iki tekerlekli bir robot ve bir robot kolu kontrolünün yapılabildiği uygulamalar örnek verilmiştir. Tasarlanan web ara yüzü üzerinde, kullanıcıya programlama yapacağı yardımcı araçlar hakkında kısa bir bilgilendirme yapılmıştır. Uygulama kartı olarak Altera Max 7000S FPGA, tasarım geliştirme ve uygulama yazılımı olarak Quartus II kullanılmıştır. Kullanıcı laboratuara uzak masa üstü bağlantısı ile erişim sağlayarak FPGA'yı yapılandırmakta ve sonuçları web kamera sayesinde ara yüzü üzerinden görebilmektedir [35].

El Medany, 2008, E-Learning olarak nitelendirdiği donanım kursları için uzaktan erişilebilen FPGA laboratuarı tasarlamıştır. Bu laboratuar 20 adet bilgisayar ve bu bilgisayarlara paralel port ve JTAG protokolü ile bağlı 20 adet FPGA'dan oluşmaktadır. Kullanıcı ara yüz ortamı Visual Basic görsel programlama dili kullanılarak tasarlanmıştır. Kullanıcı uzak masaüstü bağlantısı kurarak laboratuarda yer alan bilgisayarlara erişim sağlamakta ve Xilinx ISE araçları sayesinden VHDL kodu olarak hazırladığı lojik tasarımını FPGA'ya yazmakta ve ara yüz programı üzerindeki giriş birimlerini değiştirmek suretiyle sonuç çıktılarını ledler üzerinden gözlemektedir [36].

Herrero ve arkadaşları, 2008, dijital donanım tasarımı için FPGA platformuna uzaktan erişim sağlayan web tabanlı bir laboratuar oluşturmuşlardır. Bu laboratuar, client/host (istemci ya da kullanıcı bilgisayar / sunucu bilgisayar) yapısı üzerine kurulu olup, Xilinx ISE ile Mentor ModelSim tasarım araçlarını içeren dört adet Linux tabanlı bilgisayar ve bu bilgisayarlara paralel port üzerinden bağlı olan Xess XSB-330E FPGA ile oluşturulmuştur. Java uygulama kodları yardımıyla tasarlanan bir PHP web sayfası aracılığı ile laboratuara erişim sağlanmaktadır. Kullanıcı yazmış olduğu tasarım kodunu bu site aracılığı ile laboratuardaki bilgisayara göndererek FPGA'nın yapılandırılmasını sağlamaktadır. Sonuç çıktılarını ise, site üzerinde yer alan sanal giriş (anahtar ve buton) ve çıkış elemanları (led ve display) kullanılarak test edilmektedir [37].

Hui ve Tie-jun, 2008, internet üzerinden erişim sağlanarak FPGA aygıtının geliştirilmesine olanak sağlayan yenilikçi bir laboratuar tasarlamışlardır. Uygulama yapabilmek için Altera Startix (EP1S40F780C5) geliştirme platformu ve onun Nios II işlemci altyapısı kullanılmıştır. İnternet üzerinden laboratuara erişim, bu kartın sahip olduğu gömülü web servis teknolojisini kullanılarak yapılmıştır. Test işlemi için kamera ya da lojik analizör gibi ek bir cihaz gerektirmeyen Boundary scan metodunu kullanmışlar. SOPC (Systen-on-a-Pragrammable-Chip) tasarım ve MicroC/OS-II yazılım platformu kullanılarak FPGA'nın web sunucu yapısı oluşturulmuştur. FPGA'ya ulaşım ve yapılandırma işlemi, LwIP temelli HTTP protokolü üzerinden SOAP(Simple Object Access Protocol) adı verilen mesaj iletim anlaşması sayesinde gerçekleştirilmiştir. C programlama kullanılarak sistem üzerine gömülmüş bir XML derleyici yazılmıştır. Kompak flash kart, program dosyalarını ve deney sonuçlarını kaydetmek için kullanılmıştır. Öğrenci, EDA araçları yardımıyla oluşturduğu tasarım dosyaları ile kullanıcı bilgisayarı üzerinden FPGA servis sağlayıcısına erişip FPGA'nın yapılandırılmasını sağlamaktadır. Basit bir kullanıcı ara yüz programı sayesinde de çıkışta elde edilen sonuçlar gözlenmiştir [38].

Drutarovský ve arkadaşları, 2009, Altera ailesinden Cyclone II FPGA kartı kullanılarak yeniden yapılandırılabilir sistemler üzerine uzaktan erişimli bir laboratuar tasarlamışlardır. Sistem, kullanıcının internet üzerinden erişim sağladığı, web sunucusu ve bu sunucunun yerel ağ üzerinden bağlı olduğu ölçüm ve uygulama bilgisayarları ile FPGA kartı, dijital hafızalı osilaskop (Tektronix TDS2004) ve lojik analijörden (Agilent 16822A) oluşmaktadır. Kullanıcılar kendi bilgisayarları üzerinde Quartus II programı yardımıyla geliştirdikleri tasarımlarını, web sunucu üzerinden uygulama bilgisayarına bağlanarak USB Blaster aracılığı ile FPGA kitine yazmaktadır. Sonrasında LabView ile tasarlanan ara yüz programı ile web sunucu üzerinden ölçüm bilgisayarına erişip lojik analizör ve dijital hafızalı osilaskop çıkışlarını gözlemek suretiyle test işlemini yapabilmektedir [39].

Drutarovský ve arkadaşları, 2009, bir önceki çalışmaları ile aynı alt yapıyı kullanmış ve birden çok kullanıcının laboratuardan faydalanabilmesi için çalışmaya bir randevu sistemi eklemişlerdir. Çalışmada kullanılan dijital hafızalı osilaskop ve lojik analizör yanında ek olarak bir de sinyal üreteci (Anritsu MG3700A) kullanmış ve 32 bit RISC (Reduced Instruction Set Computer) işlemci yapısını kullanarak dijital sinyal ve video işleme imkanı kazandırmışlardır. Bu çalışmadaki asıl hedef pahalı donanımların web ve uzak masaüstü bağlantıları sayesinde çoklu erişimine imkan sağlayarak çalışmayı geliştirmektir. Ayrıca bu çalışma, Kosice üniversitesinde eğitim gören öğrenciler için bu konu üzerinde yüksek lisans çalışması yapabilme imkanı sağlanmıştır [40].

Daboin ve Zalewski, 2009, Florida Gulf Coat Üneversitesi'nde çeşitli mühendislik alanlarına yönelik web tabanlı uygulamaların yer aldığı yaklaşımlar üzerinde durmaktadırlar. Uygulamaların hepsi, client/server (istemci yada kullanıcı bilgisayar / sunucu bilgisayar) temeli üzerine oturtulmuştur. C# programı yardımıyla görsel bir ara yüz oluşturulmuş ve web üzerinden uygulamalara erişim sağlanmıştır. Uzaktan erişim ile bir alandaki sıcaklık ölçümü ve bir robot kolu kontrol uygulamaları yapılmıştır. Kullanıcı tarafından yazılan VHDL kodu ile FPGA kartının yapılandırılması ve test işlemi de kamera aracılığı ile web üzerinden yapılmıştır. [41].

Bu tezin hazırlanmasında bu gibi çalışmalar başlıca etken olmuştur. Yapılan çalışmalar doğrultusunda, tasarlanan laboratuar prototipinin client/server temelleri üzerine kurulu uzak masa üstü bağlantısı kullanması, C# programıyla tasarlanmış görsel kullanıcı ara yüzü içermesi, laboratuar içerisinde kullanılan lojik analizörün sanal olarak tasarlanması ve bir web kamera bulundurmasının, amaçlanan laboratuar prototipine daha uygun olacağı düşünülmüştür.

Bölüm 2'de bu çalışmanın temelini oluşturan Alan Programlanabilir Kapı Dizileri (FPGA) ve bu cihazların çalışma prensipleri hakkında genel bilgiler yer almakta olup, özellikle bu çalışma içerisinde kullanılan FPGA kiti hakkında daha detaylı bilgilere yer verilecektir.

Bölüm 3'de çalışmanın temel yapı taşlarından bir diğerini oluşturan "VHSIC Hardware Description Language" olarak bilinen ve kısaca "VHDL" olarak adlandırılan donanım tanımlama dili anlatılacak ve bu dilin barındırmış olduğu özellikler ayrıntılı olarak ele alınacaktır.

Bölüm 4'de kullanılan FPGA kartının geliştirme programı olan ve FPGA üreticisi tarafından önerilen, kendine has terminoloji, teknik ve iletişim kurallarına sahip Quartus II Web Edition yazılımının çalışma içerisindeki kullanım alanı ve dijital tasarımlar üzerindeki becerisi ile laboratuar ortamındaki kullanım aşamaları adım adım gösterilecektir.

Bölüm 5'de yapılan çalışma tanıtılacak ve tasarlanan modül nesneleri, oluşturulan görsel ara yüz ve uzak bağlantı yapısı ile ilgili detaylı bir inceleme yapılacaktır.

Bölüm 6'da tasarlanan prototip laboratuar genel yönleri ile ele alınacak ve yapılan bir örnek üzerinden çalışmanın sahip olduğu avantaj ve dezavantajlar genel yönleriyle adım adım incelenecektir.

Bölüm 7'de ise önceki çalışmalar ile kıyaslama yapılarak oluşturulan sistemin eksiklikleri göz önünde bulundurulacak ve ileriki çalışmalarda geliştirilebilecek olan yönlerine vurgu yapılacaktır.

BÖLÜM 2. ALAN PROGRAMLANABİLİR KAPI DİZİLERİ (Field Programmable Gate Arrays - FPGAs)

Kısaca, kullanıcı tarafından yapılandırılabilir kapı dizileri olarak tanımlayabileceğimiz Alan Programlanabilir Kapı Diziler (FPGA), genel olarak yapılandırılabilir mantık blokları ve bu bloklar arasında değiştirilebilen ara bağlantılardan oluşan, içyapısı kullanıcı tarafından belirlenebilen donanım programlanabilir sayısal tümleşik devreler olarak tanımlanır [15,16,42].

2.1. FPGA Tarihçesi

1980'li yıllarda, sayısal tüm devre süreci içerisinde yüksek yapılandırılabilme, hızlı tasarım ve hızlı değişiklik sürelerine sahip programlanabilir yongalar kullanılıyordu. Ancak, bu sayısal tüm devreler geniş ve karmaşık tasarımları destekleyemiyorlardı. Bu ihtiyaç doğrultusunda, Xilinx firması Karmaşık Programlanabilir Lojik Devre (Complex Programmable Logic Device – CPLD) temeline dayanan FPGA adını verdiği yeni bir sayısal tüm devre sınıfı geliştirdi. Böylece, 1985 yılında ilk FPGA kartını pazara sunulacak hale geldi [43].

Günümüzde sayısal sistem tasarımlarında çok sık kullanılan FPGA (Field Programmable Gate Array – Alan Programlanabilir Kapı Dizileri) , programlanabilir mantık blokları ve bu blokları birbirine bağlayan ara bağlantılardan oluşan sayısal tüm devre olarak bilinir.

2.1.1. CPLD (Complex Programmable Logic Device) yapısı

Temelde, programlanabilir lojik aygıt (Programmable Logic Device - PLD) olarak adlandırılan elektronik entegre devrelere dayanmaktadır. En basit PLD, VE ve VEYA kapılarının tek bir çip içine yerleştirilmesi, VE kapı fonksiyonlarının programlanarak VEYA kapı fonksiyonlarını sürmesi ile meydana gelmektedir. Aşağıdaki şekilde 2 giriş ve 2 çıkışlı basit bir PLD verilmiştir.

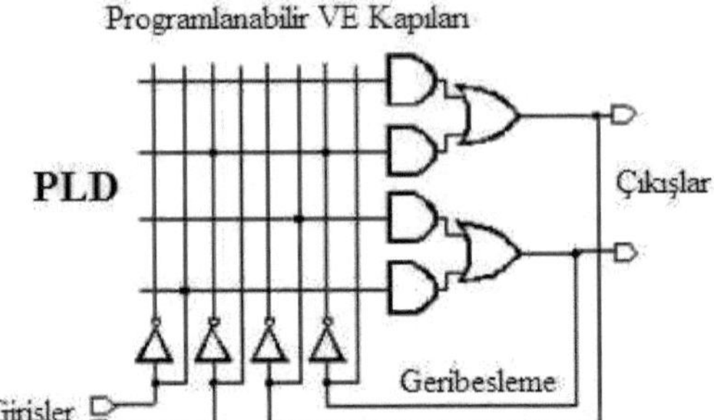

Şekil 2.1. PLD Yapısı

Tek bir PLD ile ancak 10 ile 20 arasında sınırlı sayıda lojik denklem gerçekleştirilebilir. Bu dezavantajı zaman içerisinde daha karmaşık ve daha çok işlem yapabilen bir sistem oluşturulmasını gerekli kılmıştır. Teknolojinin gelişmesine paralel olarak daha az güç tüketen ve yeniden programlanabilen CMOS ve EPROM teknolojilerinin getirdiği avantajlar sayesinde, artan kapasite ihtiyacını karşılamak, daha yüksek veri işleme hızlarına erişmek ve daha çok işlevsel yoğunluk sağlamak amacıyla, 1984 yılında Altera firması CPLD'yi geliştirmiştir.

Genel bir CPLD' nin içerisinde lojik bloklar bulunur ve bu bloklar küçük PLD yapılarında olup birbirleri ile programlanabilir ara bağlantı matrisi kullanarak haberleşirler. Şekil 2.1'den de görüldüğü gibi PLD'lerin programlanabilir ara bağlantı matrisleri ile birleştirilmesiyle CPLD'ler üretilmiştir. Böylece, tek bir çip üzerinde daha komplex lojik işlemlerin gerçekleştirilmesi sağlanmıştır. Her CPLD, makro hücrelerden oluşan birkaç lojik blok içermektedirler. Çünkü her bir lojik blok, bu makro hücrelere bağlı olarak özel bir fonksiyon işletir. Yapılandırılan uygulamalara bağlı olarak bu lojik blokları birbirine bağlar.

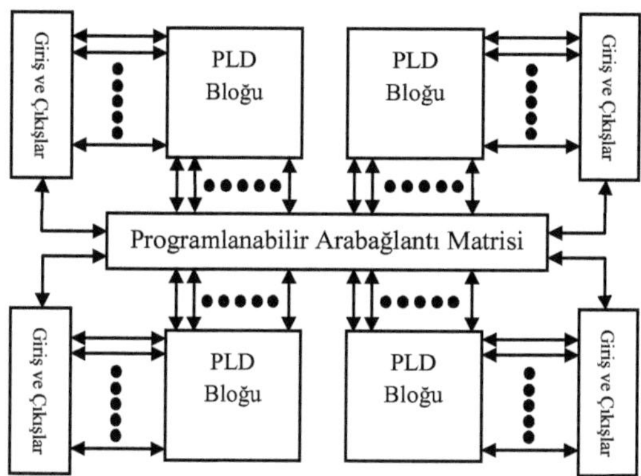

Şekil 2.2. Genel CPLD Yapısı

Genel yapısından da görüldüğü gibi, CPLD'ler genel olarak giriş/çıkış blokları ve ayrı programlanır ara bağlantı matrisini paylaşan PLD bloklarından oluşmaktadır. Uygulanan bir sinyal, ara bağlantılar sayesinde CPLD'nin istenilen bir bölümünden diğer tüm bölümlerine ulaşabilir [43].

CPLD'ler, içerdikleri makro hücrelerinin sayısına bağlı olarak dijital sinyalleri ve özel lojik fonksiyonlarını yönlendirebilme yeteneği sayesinde FPGA'ların temelini oluşturur.

2.2. FPGA Mimarisi

FPGA, programlanabilir mantık blokları ve bu bloklar arasındaki ara bağlantılardan oluşan, içyapısı kullanıcı tarafından belirlenebilen donanım programlanabilir sayısal tümleşik devreler olup geniş uygulama alanlarına sahip. Tasarımcının ihtiyaç duyduğu mantık fonksiyonlarını gerçekleştirme amacına yönelik olarak üretilmiştir. Dolayısıyla her bir mantık bloğunun fonksiyonu kullanıcı tarafından düzenlenebilmektedir.

FPGA ile temel mantık kapılarının ve yapısı daha karmaşık olan devre elemanlarının işlevselliği artırılmaktadır. Alan programlanabilir ismi verilmesinin nedeni, mantık bloklarının ve ara bağlantıların imalat sürecinden sonra programlanabilmesidir.

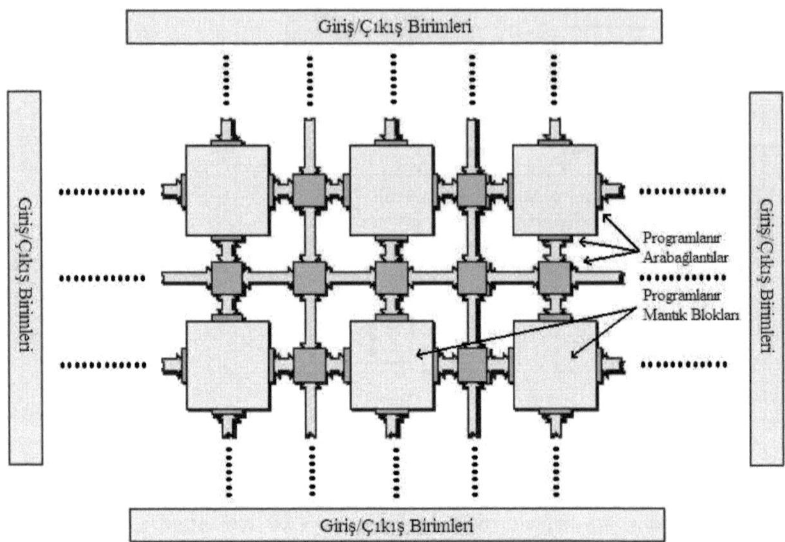

Şekil 2.3 FPGA Genel Yapısı

Genel yapısından da görüldüğü üzere FPGA'lar üç ana birime ihtiyaç duyarlar:

- Programlanır Mantık Blokları
- Giriş/Çıkış Birimleri
- Programlanır Arabağlantılar

Programlanır Mantık Blokları kullanıcı lojiğini oluşturan fonksiyonel elemanlardır. Giriş/Çıkış Birimleri FPGA' nın bacakları ile iç işaretler arasında ara yüz oluşturur. Programlanabilir Arabağlantı birimleri, Programlanabilir Mantık Blokları ve Giriş/Çıkış Birimlerinin giriş ve çıkışlarını birleştirmek için uygun hatlar üzerinden yolları belirler. İstenilen düzenleme, lojik fonksiyonların ve ara bağlantıların nasıl gerçekleneceğini belirleyen iç statik bellek hücrelerinin programlanmasıyla sağlanır. Kullanıcının tasarladığı lojik devreye göre, tüm devre üreticisi tarafından sağlanan bir yazılım sayesinde lojik bloklar ve aralarındaki bağlantılar programlanır.

2.2.1 FPGA üretim teknolojileri

2.2.1.1 SRAM tabanlı mimari

FPGA'nın üstünlüklerinden en önemlisi SRAM yapılandırma hücreleri kullanmasıdır. Bu hücreler aygıtın tekrar kullanılmasını sağlar. Bu sayede yeni tasarımlar çok kolay bir şekilde hazırlanıp test edilebilir. Ayrıca, sistem içerisinde ana görevinden önce farklı görevleri yerine getirmesi için programlanabilir. Örneğin sistemin ilk açılış anında öz sınama yapması için programlanabilir. Açılış işlemleri bittikten sonra ise asıl görevini gerçekleştirecek şekilde programlanabilir. Ancak, FPGA her sistem açılışında tekrar yapılandırılmak zorundadır. Bu nedenle sistemde harici bir bellek bulunması gerekir [44].

2.2.1.2 Anti sigorta tabanlı mimari

SRAM tabanlı FPGA'lerin aksine devre dışından özel araçlarla programlanırlar. Yapılandırılan tasarımlar SRAM tabanlı FPGA'lerde olduğu gibi geçici değildir. Sistem açılışlarında tekrar yapılandırılma gereksinimleri yoktur. Böylece sistemde harici bellek bulundurma zorunluluğu ortadan kalkmış olur.

Anti sigorta tabanlı mimarinin özelliklerinden bir diğeri ise radyasyona karşı olan dayanıklılığıdır. Bu özelliğinden dolayı askeri ve uzay uygulamalarında önemli bir yer almaktadır. Her şeye rağmen bu mimarinin en önemli özelliği yapılandırma verilerinin FPGA'in derinliklerine gömülmesidir. Böylece programcı bu verileri rahatlıkla okuyabilir ve aygıttın tamamen programlandığından emin olana kadar sınamasını sürdürebilir.

Bu mimari, FPGA'in boyut ve enerji tüketimi yönünden SRAM tabanlı FPGA'e karşı avantajı olmasına rağmen, fazladan yapılandırma devresi gerektirdiği için bu avantajı çok fazla kendi lehine çevirememiştir. Yönlendirme gecikmesinin az olması ise SRAM tabanlı FPGA'e göre daha hızlı olmasını sağlar. Bir kez programlanabilir olması ise en büyük kusurudur ve bu nedenle uygulama geliştirme için uygun değildir.

2.2.1.3 EEPROM/Flash tabanlı mimari

Flash tabanlı FPGA hücreleri SRAM tabanlı mimariye benzer şekilde uzun ötelemeli yazmaç şeklindeki zincirlerle bağlıdırlar. Aygıt içinde ve dışında programlamaya izin veren çeşitleri bulunmaktadır. Ancak SRAM tabanlı FPGA'lere göre üç kata kadar daha yavaş yapılandırılabilirler.

Flash tabanlı mimaride, veriler kalıcı olduğundan her sistem başlangıcında donanımın yeniden yapılandırılması gerekmez. Ancak koruma amaçlı olarak çoklu anahtar denilen ve boyu elli ile birkaç yüz bit arasında değişen bir bit dizisi kullanılabilir.

İki transistorlu Flash tabanlı aygıtlar, EPROM tabanlı aygıtlara göre yaklaşık olarak 2,5 kat büyük olmalarına karşın SRAM tabanlı aygıtlara göre daha küçüktürler. Bu özellik, kalan lojik elemanların birbirlerine daha yakın olmasını ve bu sayede bağlantı gecikmelerinin azalmasını sağlar. Diğer taraftan, standart CMOS teknolojisine göre fazladan beş adım gerektirirler. Bu nedenle SRAM tabanlı aygıtların birkaç nesil gerisinde kalmışlardır. İçerdikleri pull-up dirençlerinden dolayı güç tüketimleri de fazladır.

2.2.1.4 Melez SRAM-Flash tabanlı mimari

Yapılandırma hücreleri SRAM tabanlı ve Flash tabanlı aygıt hücrelerinin birleşimi şeklindedir. Bu mimaride Flash hücreleri önceden yapılandırılır. Sistem başlangıcından sonra ise Flash hücrelerindeki veriler paralel olarak SRAM hücrelerine kopyalanır. Böylece anti sigorta mimarideki kalıcılık sağlanmış olur. Sistem yeniden başlatıldığında aygıt vakit kaybetmeden hazır hale gelir. Ayrıca anti sigorta mimarinin tersine sistem başladıktan sonra SRAM hücrelerindeki veriler değiştirilebilir. Bu veriler bir sonraki açılışta geçerli olacaktır. Bunun yanında Flash hücreleri kullanılarak sistem içinden veya dışından yapılandırma mümkün olabilmektedir [44].

2.2.2 Programlanabilir mantık bloklarının yapısı

FPGA'in ana yapısını, Mantık Blokları ya da Mantık Hücreleri (Logic-Cell) adı verilen programlanabilir yapılar oluşturur. En basit haliyle bir mantık bloğu Şekil 2.4'ten de görüldüğü gibi, 1 adet Look-up Table (LUT), 1 adet D Flip-Flop ve bir adet 2x1 Mux' tan oluşur.

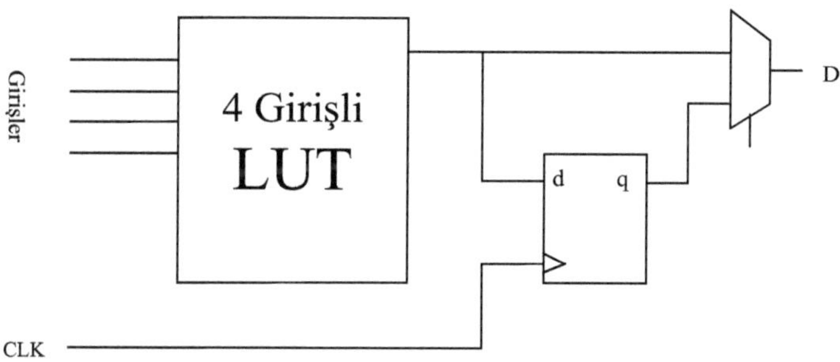

Şekil 2.4. Mantık Bloğunun Yapısı

Programlanabilir Mantık Blokları genellikle doğruluk tablosu (Look-Up Table - LUT) veya Çoğullayıcı (Multiplexer - MUX) tabanlı yapılardan meydana gelmektedir.

2.2.2.1 Doğruluk tablosu (Look-Up Table - LUT) tabanlı yapı

Bu yapıda giriş işaretleri, doğru çıkışı bulmak için Look-Up Table'dan (Doğruluk Tablosu) işaretçi olarak kullanılır. Girişlerin alabileceği her değer için tabloda bir çıkış değeri bulunur.

Örneğin üç girişli, W=(X & Y) | Z fonksiyonunu bu mimaride gerçeklemek istersek, oluşturmamız gereken LUT tablosu aşağıdaki gibi olacaktır.

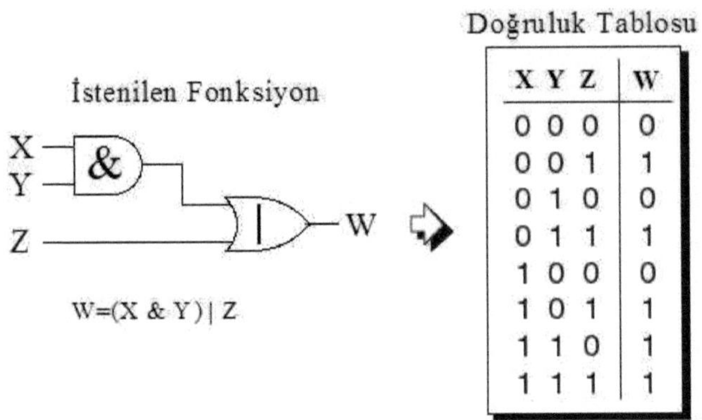

X	Y	Z	W
0	0	0	0
0	0	1	1
0	1	0	0
0	1	1	1
1	0	0	0
1	0	1	1
1	1	0	1
1	1	1	1

Şekil 2.5. W=(X & Y) | Z fonksiyonu ve LUT Tablosu

2.2.2.2 Çoğullayıcı (Multiplexer - MUX) tabanlı yapı

MUX tabanlı yapının temel bloğu, çoklayıcıların çeşitli konfigürasyonlarından meydana gelir. Bu yapıdaki FPGA'ların içinde veri tutucu ve flip-flop gibi bellek elemanları bulunmadığından çoklayıcılar ile bu elemanların gerçeklenmesi gerekmektedir.

Üç girişli, W=(X & Y) | Z fonksiyonunu bu yapı ile gerçekleştirmek istersek, sadece MUX 'larla oluşan yapı Şekil 2.6'da görüldüğü gibi olacaktır. Bu blok girişlere verilen lojik 0, lojik 1 ve asıl girişler olan X, Y, Z ve onların tümleyenlerinin girişe direk verilmesi ile veya başka bir bloğun çıkışının bağlanması ile yapılandırılabilir. T ile gösterilen girişleri, çıkışa bir etkisi olmadığını gösterir. Bu yöntem her bloğun bir fonksiyonu oluşturması için sayısız yol sağlar [44].

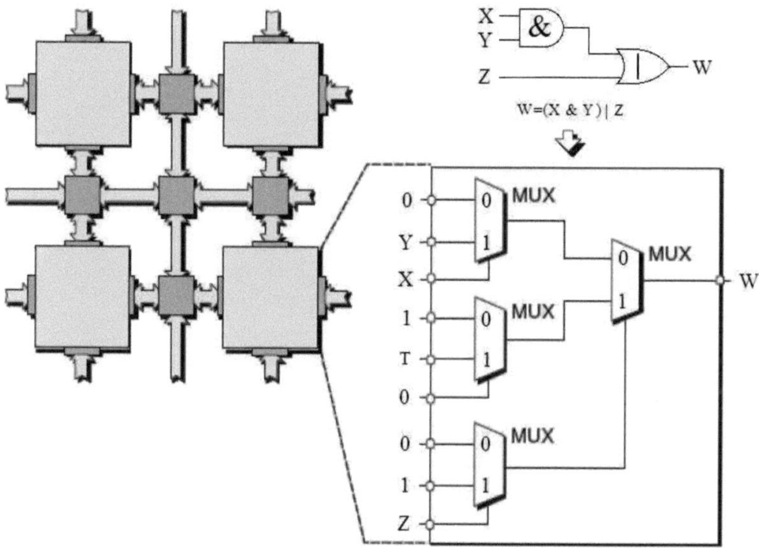

Şekil 2.6. W=(X & Y) | Z fonksiyonu ve MUX tabanlı yapısı

LUT tabanlı mimari MUX tabanlı mimarilere göre daha hızlı bir sonuç vermektedir. Bu nedenle, haberleşme ve ağ sistemleri gibi yüksek miktarda verilerin yazılması gereken durumlarda kullanılan FPGA'lar içerisinde, LUT mimarisinin kullanımı daha uygun olmaktadır.

2.2.3 Giriş/Çıkış birimleri

FPGA yongası üzerinde pin olarak nitelendirilen giriş/çıkış birimleri, veri iletim standardına, tasarıma, kullanılan aygıtlara ve çevresel birimlere göre değişmektedir. Buradaki asıl amaç tüm standartları destekleyen bir mimari tasarlamaktır. Bunun için FPGA'daki giriş-çıkış birimleri herhangi bir standarttaki veriyi kabul edebilecek ve gönderebilecek şekilde yapılandırılabilir olmalıdır. Bu gereksimi karşılamak amacıyla FPGA'deki giriş-çıkış birimleri, belirli sayıda kümeye bölünebilir. Böylece her küme belirli bir standarda uygun biçimde yapılandırılarak tüm standartlar desteklenmiş olur.

Aşağıda 0–7 arasında kümelenmiş giriş-çıkış birimleri içeren FPGA'in yapısı görülmektedir.

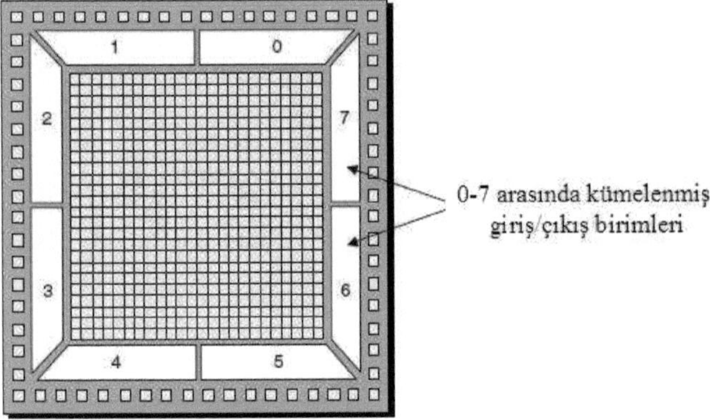

Şekil 2.7. Giriş/Çıkış Birimleri

Bir FPGA yongası içindeki giriş/çıkış birimleri, ayrılmış pinler ve kullanıcı pinleri olarak iki kısma ayrılır.

1. Ayrılmış pinler : Tüm pinlerin %20 ile %30'unu kapsar. Bu pinler, FPGA'de gerçekleştirdikleri özel fonksiyonlara göre isim almaktadırlar.
   a) Güç Pinleri : FPGA için gerekli olan güç ve toprak sağlayan pinlerdir.
   b) Konfigürasyon Pinleri : Oluşturulan programın FPGA'ya yüklenmesi için kullanılan pinlerdir.
   c) Clock Pinleri : Clock sinyalleri için ayrılmış özel pinlerdir.

2. Kullanıcı Pinleri : Kullanıcı tarafından konfigüre edilebilen standart giriş/çıkış pinleridir. Giriş, çıkı, yada hem giriş hem de çıkış olarak üç kategoriye ayrılır. Her bir giriş/çıkış pini Şekil 2.7'de gösterildiği gibi FPGA içerisinde yer alan bir giriş/çıkış kümesine bağlıdır.

Günümüzde bir FPGA yongasının altında, sıralı bir şekilde yerleştirilmiş 1000 veya daha fazla pin bulunabilmektedir.

2.2.4 Programlanabilir ara bağlantılar

Bir FPGA tasarımında çok çeşitli ara bağlantı yapıları kullanılır. Bu bağlantılar sayesinde, birden fazla lojik hücre birleştirilerek daha büyük fonksiyonları gerçekleştirebilen yapılar kurulur.

Programlanabilir ara bağlantıların yapısında çoğullayıcı (multiplexer), geçiş transistoru ve üç durumlu kapı (tri-state buffer) olarak adlandırılan üç temel anahtarlama yöntemi kullanılır. SRAM hücreleri ile kontrol edilen bu anahtarlama devreleri aşağıda görülmektedir.

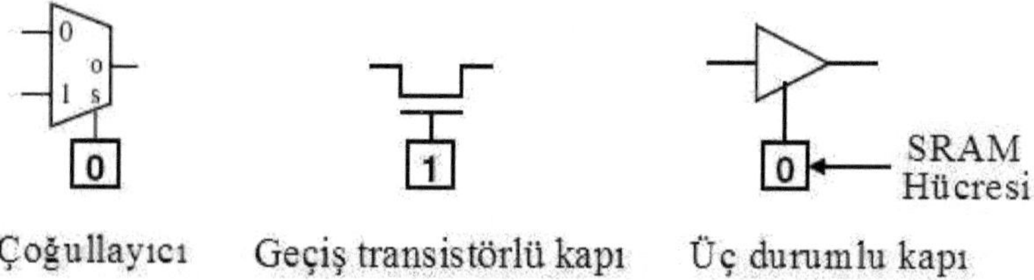

Şekil 2.8. Programlanabilir Ara Bağlantı Yapıları

Lojik kümelerde, ara bağlantılar birkaç farklı amaçla kullanılabilirler. Bunlardan birincisi, lojik elemanlara gelen giriş sinyallerinin ve lojik elemanlardan çıkan çıkış sinyalinin bağlantılarının belirlenmesidir. Diğer bir kullanımı ise bu sinyallerin lojik elemanlar arasındaki yayılımının nasıl olacağının belirlenmesidir.

FPGA'lerde çeşitli programlanabilir ara bağlantı yapıları kullanılmaktadır. Bunlardan başlıca dört tanesi; ada bağlantısı, hücresel bağlantı, uzun hat bağlantısı ve sıralı bağlantıdır. Günümüzde kullanılan FPGA modellerinde çok daha karmaşık programlanabilir ara bağlantı yapıları bulunmakla birlikte söz edilen bağlantılar genel yapıyı açıklamada yeterli olacaktır.

2.2.4.1 Ada bağlantı modeli

Bu bağlantı mimarisinde lojik kümeler, yatay ve dikey parçalı bağlantı kanalları ile çevrilirler. Lojik kümeler, bu kanallara bağlantı kutusu yardımı ile kanallar ise birbirine anahtar kutusu yardımı ile bağlanırlar. Bu mimarinin baskın özelliği lojik blokların birbirlerine parçalı bağlantılar yardımıyla bağlanmasıdır.

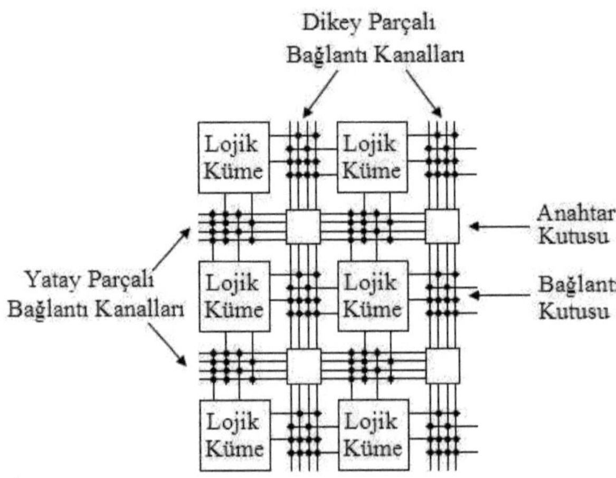

Şekil 2.9. Ada Bağlantı Mimarisi Genel Yapısı

2.2.4.2 Hücresel bağlantı modeli

Bu mimaride bağlantılar lojik kümeler arasında ve olabildiğince az miktarda uzun hatlarla yapılır. Lojik kümeler sınırlı olan bağlantılara yardımcı olacak şekilde düzenlenirler. Birbirine uzak lojik kümeleri bağlamak için başka lojik kümeler kullanılabilir. Birbirine yakın olmayan komşuların bağlanması için oluşturulmuş birleşik yolların meydana getirdiği gecikme ve kullanılan programlama araçlarının bu bağlantıları yapılandırmakta çok zorlanmaları nedeniyle bu yapı pek tercih edilmez.

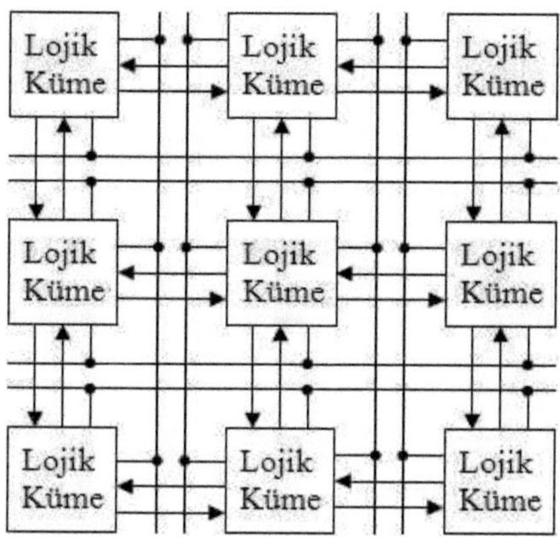

Şekil 2.10. Hücresel Bağlantı Mimarisi Genel Yapısı

2.2.4.3 Uzun hat bağlantı modeli

Bu mimaride, lojik kümeler birden fazla hattan oluşan yatay ve dikey bağlantı kanalları ile çevrilidirler. Bu kanallardaki hat sayısı aygıtın genişliğini arttırır. Bu mimaride iki lojik kümeyi birbirine bağlamak için bir yatay ve bir dikey uzun hat yeterlidir. İki hattın kesiştirilmesi ile bağlantı kurulmuş olur.

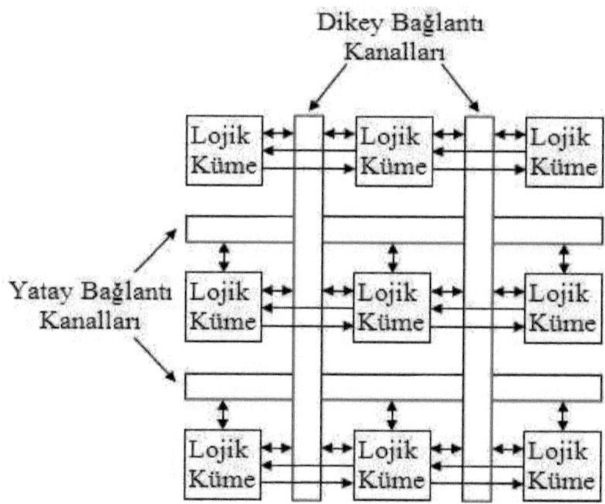

Şekil 2.11. Uzun Hat Bağlantı Mimarisi Genel Yapısı

2.2.4.4 Sıralı bağlantı modeli

Sıralı bağlantı mimarisi daha çok tekrar programlanamayan FPGA'larda bulunup yeniden programlanabilen mimarilerde genel olarak kullanılmaz. Bu mimaride, FPGA'daki yatay kanallar arasındaki bağlantıları sağlamak için bazı dikey bağlantılar kullanılır.

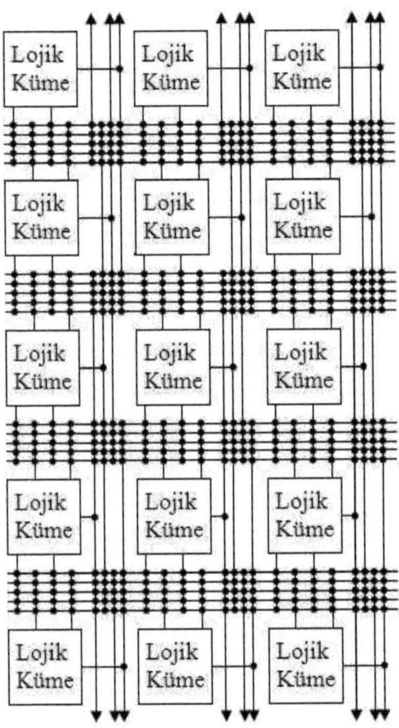

Şekil 2.12. Sıralı Bağlantı Mimarisi Genel Yapısı

2.3. FPGA Uygulama ve Geliştirme Kartı

Bu çalışmada Altera DE2 uygulama geliştirme kartı kullanılmıştır [45]. Bu kart üzerinde;

— 68000 lojik işlem birimine sahip, 672 pinli Altera Cyclone II EP2C35 FPGA tüm devresi,
— Cyclone II EP2C35 FPGA'nın yapılandırılmasını sağlayan EPCS 16-Mbit seri flash hafıza,
— Line In/Out, Mikrofon girişleri (24-bit Audio CODEC),
— Video girişi (NTSC/PAL/Multi-format),
— Video çıkışı (VGA 10-bit DAC),
— RS232 ve PS/2 iletişim portları, kızılötesi haberleşme birimi,
— 10/100 Ethernet bağlantısı,
— USB 2.0 iletişim portu (A ve B tipi),
— 18 adet kaydırmalı anahtar, 4 adet basmalı buton, 8 adet 7-parçalı gösterge, 18 adet kırmızı LED, 9 adet yeşil LED, 1 adet 16 x 2 LCD gösterge,
— 8 MB SDRAM,
— 4 MB Flash Hafıza,
— 512 KB SRAM,
— SD kart soketi,
— 50 MHz ve 27 MHz dahili saat frekansı üreteci, harici saat frekansı girişi,
— 2 adet 40 pinlik genişletme portu bulunmaktadır.

Kartın blok şeması Şekil 2.13'de verilmektedir.

Projede, kart üzerinde bulunan SRAM, RS232 haberleşme portu, 7-parçalı göstergeler, ledler ve kaydırmalı anahtarlar kullanılmıştır. Saat işareti olarak yine kart üzerinde bulunan 50Mhz'lik kristal kullanılmıştır.

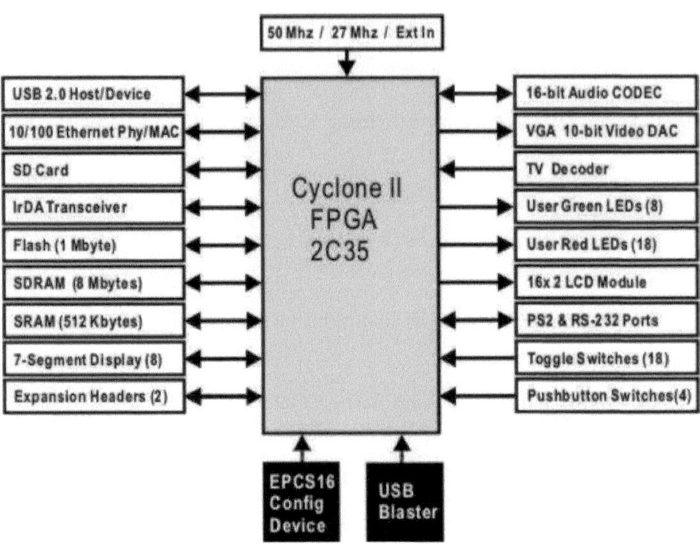

Şekil 2.13 Altera DE2 Uygulama ve Geliştirme Kartı Blok Şeması

Kullanılan geliştirme kartı üzerinde bulunan FPGA, Altera firması tarafından üretilen 672 pinli Altera Cyclone II 2C35'tir. 90-nm üretim teknolojisine sahiptir ve üzerinde 68000 lojik işlem birimi (LEs) bulunmaktadır. Bu lojik birimler dışında 150 tane 18 x 18 çarpıcı ve 4 tane sistem saat yöneticisi (PLL) bulunmaktadır. 18x18 çarpma işlemini 250 MHz hızında gerçekleştirebilen çarpıcı bloklar aynı zamanda iki bağımsız 9x9 çarpıcı olarak da ayarlanabilir.

Gelişmiş giriş/çıkış (G/Ç) desteğine sahip olan tüm devrede, farksal G/Ç standartları olan LVDS (Low-Voltage Differential Signaling), RSDS (Reduced Swing Differential Signaling), mini-LVDS, LVPECL (Low-Voltage Positive Emitter-Coupled Logic), farksal HSTL (High-Speed Transceiver Logic) ve farksal SSTL(Stub Series Terminated Logic) bulunmaktadır. Bu farksal iletim standartlarından LVDS ile 805 Mbps iletişim hızına kadar çıkılabilmektedir.

Giriş-çıkış pinleri 1.2V, 1.5V, 1.8V, 2.5V ve 3.3V olmak üzere farklı gerilim seviyelerinde giriş, çıkış veya giriş-çıkış ya da yüksek empedans olarak yapılandırılabilir. Tüm devre üzerinde kullanıcıya ait toplam 405 giriş çıkış pini bulunmaktadır [46].

Kullanılan eğitim ve geliştirme kartı aşığa görülmektedir.

Şekil 2.14 Altera DE2 Uygulama ve Geliştirme Kartı

BÖLÜM 3. DONANIM TANIMLAMA DİLİ (VHSIC Hardware Desciption Language – VHDL)

Donanım kelimesi, bir taraftan kişisel bilgisayarlar gibi geniş bir içeriği tanımlamak için kullanılsa da diğer bir taraftan küçük mantık kapılarını, onların içindeki entegre devreleri veya elektronik devreleri tanımlamak için de kullanılır.

Donanım tanımlama dili ise bu mantık kapılarının, entegre devrelerin ya da elektronik devrelerin tanımlanması amacıyla kullanılan herhangi bir bilgisayar dilinin sınıfına verilen addır. Bir devrenin yürüttüğü işlemi, tasarımını ve simülasyon yoluyla doğrulamasını gerçekleştirir. Çalışma içerisinde de FPGA'nın yapılandırılması için "VHSIC Hardware Description Language" olarak bilinen ve kısaca "VHDL" olarak adlandırılan donanım tanımlama dili kullanılmıştır. VHDL, VHSIC Hardware Description Language kelimelerinin baş harflerinden oluşmuştur. VHSIC'nin açılımı da aynı şekilde "Very High Speed Integrated Circuit" kelimelerinin baş harflerini temsil etmektedir.

VHDL, en çok kullanılan donanım tanımlama dillerinden biri olup, dijital sistemlerdeki fiziksel donanımların modellenmesinde kullanılmaktadır. Tam bir uygulama dizisinden oluşmakta olup genel olarak donanımsal bir modellemeden meydana gelmektedir. Bu yönüyle, donanımlardaki sistem tasarımlarını tanımlamak istediğimizde VHDL en uygun donanım tanımlama dili olacaktır.

Dijital tasarımlar, VHDL donanım programlama dili ile devre çizimi yapmak yerine metin dosyası şeklinde tanımlanır. Tasarım üzerinde yapılacak olan herhangi bir değişiklik çok kısa sürede gerçeklenir.

3.1. VHDL'nin Gelişim Süreci

1976 yılında, uygulamaya yönelik tümleşik devrelerin davranışını belirlemek amacıyla Amerika Savunma Bakanlığı tarafından ortaya atılmıştır. İlk ve orijinal donanım tanımlama dili olarak Elektrik Elektronik Mühendisleri Enstitüsü (Institute of Electrical and Electronics Engineers – IEEE) tarafından 1987 IEEE-1076 standardı adı altında ortaya çıkmıştır. Bu sebepten dolayı ilk versiyonu VHDL 87 olarak anılmaktadır. Bu ilk versiyon, nümerik, lojik, karakter, karakter dizileri, zaman ve bit dizileri olarak tanımlanan bit_vector gibi geniş bir data çeşitliliği içermekteydi. Sonrasında, VHDL 87'nin işlevselliğini daha da arttırmak adına, IEEE-1076.1 standardı ile analog ve karmaşık devre tasarımlarım uzantıları, IEEE-1076.2 ile gerçek ve karmaşık veri türleri, IEEE-1076.3 ile de aritmetik ve vektörel işlemleri kolaylaştırmak için işaretli (signed) ve işaretsiz (unsigned) veri çeşitleri gibi eklentiler yapıldı. Bu versiyon teknolojik gelişmeler doğrultusunda gerekli ihtiyaçların yerine getirilmesi adına, sonraki yıllarda da bir çok yenileme ve eklentilerden geçerek çoklu lojik sistemleri tanımlamak amacıyla geliştirildi ve 1993 yılında IEEE-1164 standardı halini aldı. Geliştirilen bu versiyon da önceki versiyon gibi VHDL 93 olarak bilinir. Günümüzde de en çok kullanılan hali IEEE-1164 standardı olan VHDL 93 versiyonudur [47].

VHDL, güç ve esneklik, çipten bağımsız tasarım, test edilebilirlik, düşük maliyet gibi avantajlar sağlaması yanında, standart bir teknoloji olması da taşınabilirlik ve tekrar kullanılabilirlik gibi önemli avantajlar sunar. Bu gibi çoğu avantajının yanı sıra tek dezavantajı, sentezleyiciler arasında farklılık göstermesidir.

Esas olarak iki temel uygulama alanı vardır. Bunlar, karmaşık programlanabilir lojik aygıtları(CPLD) ve alan programlanabilir kapı dizilerini(FPGA) içeren programlanabilir aygıtlar ile uygulamaya yönelik tümleşik devreler(ASICs) dir. VHDL kodu yazıldıktan sonra ya programlanabilir bir aygıt içerisindeki devreyi tanımlamak için ya da uygulamaya yönelik tümleşik bir devre entegresinin imalatı için kullanılır [48].

3.2. VHDL'nin Kavramları

VHDL dili bilinen iki temel atama nedeniyle, atamalar yönünden diğer dillerden ayrılır.

3.2.1. Ardışık (Sequential) atama

Ardışık ifadeler, yazılım programlama dillerindeki gibi biri diğerinden sonra gelecek şekilde yürütülür. Son gelen ifade bir önceki ifadenin etkilerini geçersiz kılabilir. Yazılımda ardışık ifadeler kullanıldığında atamaların sırası göz önünde bulundurulmalıdır. Bu atama ifadelerden bazıları aşağıda sıralandığı gibidir:

— wait koşulu ifadesi

— if koşulu

— case koşulu

— loop koşulu

— next koşulu

— exit koşulu

— return koşulu

— null koşulu

3.2.2. Eş zamanlı (Concurrent) atama

Eş zamanlı ifadeler sürekli aktif durumdadır. Bu yüzden ifadelerin sırası önemli değildir. Eş zamanlı ifadeler özellikle paralel donanımlı modeller için uygundur. Bu atama ifadelerden bazıları aşağıda sıralandığı gibidir:

— block ifadesi

— process ifadesi

— eş zamanlı uyarı ifadeleri

— eş zamanlı sinyal ifadeleri

— şartlı sinyal ifadeleri

— seçilmiş sinyal ifadeleri

3.3. VHDL'nin Modelleme Teknikleri

VHDL'in soyutlama (abstraction), modülerite (modularity) ve hiyerarşi (hierarchy) olmak üzere üç önemli modelleme tekniği vardır.

Soyutlama, sistemin farklı bölümleri için farklı miktarda tanımlama yapılmasına izin verir. Modüllere sadece simülasyon için ihtiyaç duyulur ve modüllerin sentezlemedeki gibi ayrıntılı şekilde tanımlanmasına gerek yoktur.

Modülerite, tasarımcıların büyük fonksiyonel blokların bölünmesine ve her bir bölüm için ayrı bir model yazılmasına olanak sağlar.

Hiyerarşide ise tasarımcılar birçok alt modül içerebilecek modüller tasarlarlar. Her bir seviyedeki hiyerarşi farklı soyutlama seviyelerinde modüller içerebilirler. Bir modülün alt modülleri bir düşük seviyedeki hiyerarşik seviyede bulunurlar.

3.3.1. Soyutlama

Soyutlama çok ayrıntılı bilgilerin gizlenmesi olarak tanımlanır. Bu nedenle gerekli ve gereksiz bilgilerin ayrılması gerekmektedir. Problemin şu anki durumunda önemsiz olan bilgiler tanımlamadan çıkarılabilir. Soyutlama seviyeleri, aynı seviyedeki tüm modellerdeki ortak bilginin türüne göre tanımlanır.

Eğer, bir modelde her bir modül aynı derecede soyutlamaya sahipse, o modele kesin soyutlama seviyesi denir. Eğer sahip değilse bu model farklı soyutlama seviyelerinin karışımı olarak nitelendirilir.

3.3.1.1. VHDL soyutlama seviyeleri

VHDL, Şekil 3.1'de görülen üç ayrı soyutlama seviyesi için uygulanabilir. Davranışsal ve Yazmaç Transfer Seviyedeki (Register Transfer Level - RTL) tasarım girişi, genellikle metin editörleri tarafından yapılır. Kapı seviyesinde ise, tasarım lojik kapılar ve saklama elemanlarıyla bir tasarı şeklinde ifade edilip, VHDL yapısı olarak karmaşık bir şematik tanımlama meydana getirilir.

Şekil 3.1. VHDL Soyutlama Seviyeleri

Davranışsal seviyede tüm sistem modellenebilir. Veri iletim yolu veya karmaşık algoritmalar, sentezlenebilirliği göz önünde bulundurulmadan tanımlanır. Tasarımcı özelliklere ters düşmeyecek şekilde tutarlı bir giriş tepki kümesi bulma konusunda çok fazla dikkat etmelidir. Modelden alınan sonuçla, beklenen değerlerle, simüle edilmiş sinyal değerlerinin dalga formlarının yardımıyla karşılaştırılmalıdır.

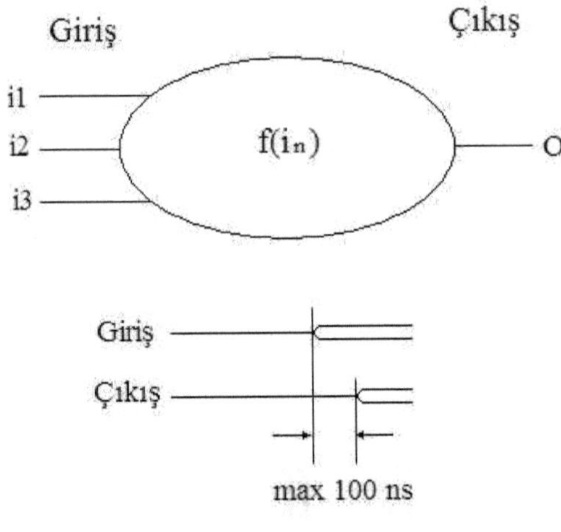

O <= i1 + i2 * i3 (100 ns sonra);

Şekil 3.2. Davranışsal Seviye Tanımlama Örneği

Şekil 3.2'de bir modelin basit bir belirtim(f(in)) fonksiyonu gösterilmiştir. Çıkış üç farklı giriş değeri olan i1, i2 ve i3 'e bağlıdır. Davranışsal VHDL tanımlamada fonksiyon, basit bir denklemdir ($f(i_n) <= i1 + i2 * i3$) ve bekleme süresi 100ns olarak modellenir. Yeni çıkış değerinin hesaplanması için 100ns'ye ihtiyaç vardır.

RTL seviyesinde, sistem yazmaçlar ve bellek elemanlarının bir sonraki değerini hesaplayan lojik elemanlar ile tanımlanır. Kodu, tamamen kombinasyonel lojik veya yazmaçlardan oluşan iki blok halinde ayırmak mümkündür. Yazmaçlar saat sinyalleriyle bağlantılıdır ve ardışıl lojik davranışı sağlar.

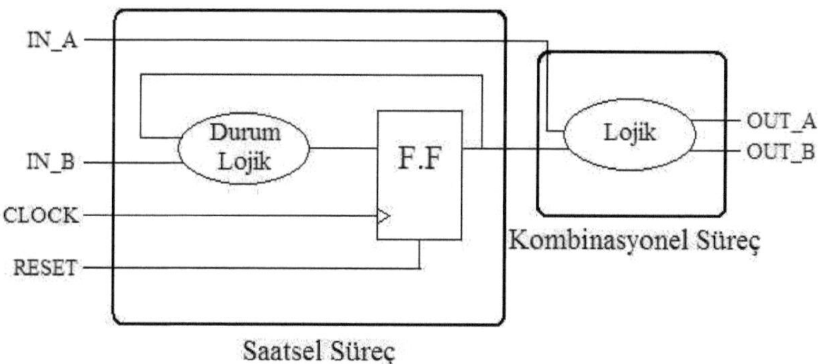

Şekil 3.3. RTL Seviyesi Tanımlama Örneği

Şekil 3.3.'de görüldüğü üzere RTL seviyesi tanımlamalarında iki farklı tipte süreç bulunmaktadır. Bu süreçler, saatsel süreç ve tamamen kombinasyonel süreçlerdir. Tüm saatsel süreçler flip floplarla(F.F) ifade edilir ve durum makinesi sözdizimi (state machine syntax) kurallarına göre tanımlanır.

RTL seviyesi modellemede, veri giriş (IN_A ve IN_B) ve çıkış (OUT_A ve OUT_B) sinyaline ek olarak, modül saati (CLOCK) ve asenkron sıfırlanabilir F.F için sıfırlama (RESET) dikkate alınmalıdır. Senkron sıfırlama stratejisi kullanıldığında, sıfırlama girişi sıradan bir veri girişi olarak işleme alınır. Ayrıca RTL seviyesi, VHDL kodunu depolayabilen ve depolayamayan elemanlar olarak bazı yapısal bilgiler içerir. Sinyal değerleri güncellendiğinde, zamanlama konusu göz önüne alınmalıdır.

Kapı seviyesi, RTL tanımları ile sentez araçlarının yardımıyla üretilmiştir. Bu işlem için, hedef teknolojide mevcut olan kapıları ve onların parametre bilgilerini tutan bir kütüphaneye ihtiyaç vardır. Kapı seviyesine dayanarak, devrenin yerleşimi üretilir.

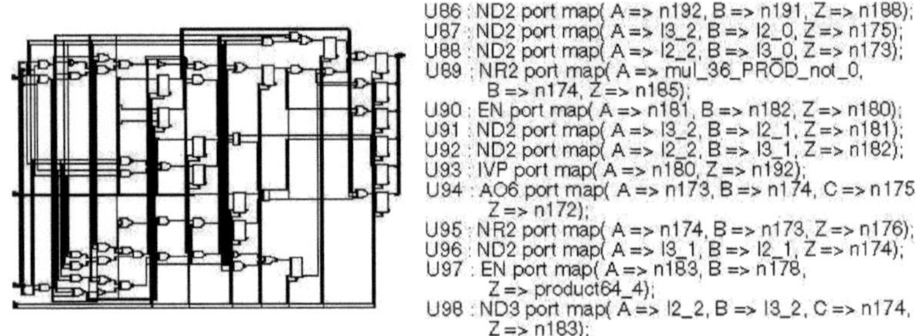

Şekil 3.4. Kapı Seviyesi Tanımlama Örneği

Yukarıdaki şeklin sol kısmı, bir dijital devrenin kapı yapısının şematiği göstermektedir. Sağ kısımda ise uygun VHDL tanımlarının bir bölümü görülmektedir. Devredeki her bir eleman (ör: ND2), bağlı olduğu uygun sinyallerle (n192, n191, n188) desteklenmektedir. Kullanılan tüm kapılar seçilen teknolojideki kütüphanenin bir parçasıdır ve burada alan, yayılma süresi, kapasite vb. bilgiler kaydedilmiştir.

3.3.2. Modülarite ve hiyerarşi

Modülarite, büyük fonksiyonel blokların küçük birimler şeklinde parçalara ayrılmasına ve bu parçaların birbiriyle yakın ilişki içerisinde olarak gruplandırılmasına imkan tanır. Bu parçaların her biri modül olarak adlandırılır. Bu sayede, karmaşık bir sistem yönetilebilen alt parçalara bölünebilir. Parçalara ayırmanın metodu tasarımdan tasarıma değişebilir. İyi tanımlanmış alt sistemlerin varlığı, aynı proje üzerinde çalışan birçok tasarımcıya paralel çalışma imkanı sunar ve her bir tasarımcı kendi bölümünü tam bir sistem olarak ele alabilir.

Hiyerarşi, modüllerden oluşmuş bir tasarımın yapılandırılmasını sağlar. Bir seviyedeki hiyerarşik tanımlama, bir veya birden fazla modül içerebilir ve her bir modül farklı derecelerde soyutlamaya sahiptir. Bu modüller, kendinden bir alt seviyedeki hiyerarşik seviyede bulunan alt modülerlide içerir.

Modülarite ve hiyerarşi, bir tasarımın basitleştirilmesine ve düzenlenmesine yardımcı olmaktadır. Bir başka avantajı ise modüller için farklı gerçekleme alternatiflerinin incelenmesini sağlamaktır. Tüm tasarı içinde, sadece belirtilen parçanın değiştirilmesiyle gerekli işlemler yerine getirilir[49].

3.4. VHDL'nin Genel Yapısı

Şekil 3.5'de verilen VHDL kodu örneği üzerinden inceleme yapacak olursak, genel yapısı maddeler halinde sıralanabilir:

— İlk göze çarpan özellik, büyük ve küçük harflere duyarlı olmayışıdır. Bu özellik, kaynak kodu için kendi kurallarımızı belirleyebileceğimizi gösterir. Örneğin, anahtar sözcükleri küçük harflerle, kendi tanımladığımız tanıtıcıları büyük harfler kullanabiliriz. Böylece, anahtar sözcüklerle kendi tanıtıcılarımız arasındaki fark kolaylıkla anlaşılacak ve kodu okumak daha kolay olacaktır.

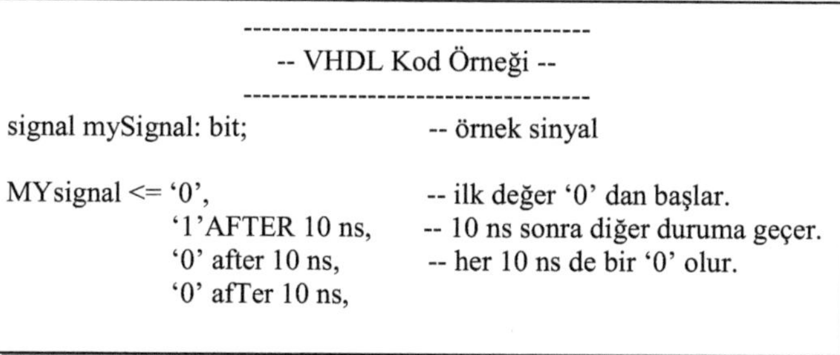

```
----------------------------------
-- VHDL Kod Örneği --
----------------------------------
signal mySignal: bit;            -- örnek sinyal

MYsignal <= '0',                 -- ilk değer '0' dan başlar.
        '1'AFTER 10 ns,          -- 10 ns sonra diğer duruma geçer.
        '0' after 10 ns,         -- her 10 ns de bir '0' olur.
        '0' afTer 10 ns,
```

Şekil 3.5. VHDL Kod Örneği

— İfadeler(statements) noktalı virgül ";" ile sonlandırılırlar. Derleyici(compiler) sadece noktalı virgülü göz önünde bulundurur. Bu özelliği sayesinde, satır araları belirlenebilir, boşluk oluşturulabilir ya da silinebilir.

— Boşluklar ve boş satırlar herhangi bir anlam içermez.

— Açıklama satırları "--" ile başlar. Açıklamalar koda dahil olmayıp kodun anlaşılabilirliğini artırmak amacıyla kullanılır.

— Listeler normalde virgül(,) ile birbirinden ayrılır.

— Sinyal atamaları, kompozit atama operatörü "<=" ile gösterilir.

— VHDL'in dilinin kullandığı hiçbir anahtar sözcük, kendi tanımlamamız olarak kullanılamaz.

3.5. VHDL'nin Yapısal Elemanları

Bir VHDL tasarımı temel olarak 4 kısımdan oluşur;

— Varlık(Entity)

— Mimari(Architecture)

— Konfigürasyon(Configuration)

— Paket(Package)

3.5.1. Varlık(Entity)

Bir tasarının dış dünya ile ilişkisinin tanımlandığı ara yüz kısımdır. Tasarının dış sınırlarını, girdi ve çıktılarını belli eder. Bu kısımda giriş/çıkış portları tanımlanır. Her VHDL tasarım, en az bir varlık(entity) bildirimi içerir.

Şekil 3.6'da görüldüğü üzere, bir modül ve onun çevresi arasındaki ara yüz, varlık bildirimi olan **"entity"** anahtar sözcüğü ile tanımlanır. Bu anahtar sözcüğünü, kullanıcı tarafından tanımlı bir tanımlayıcı isim takip eder. Ara yüz tanımlama işlemi, tanımlayıcı ismin, **"entity"** ve **"is"** anahtar sözcükleri arasına yerleştirilmesi ile tamamlanır. Burada tanımlayıcı ismi olarak "Ornek" verilmiştir. Varlık ifadesinin sonlandırılması ise **"end"** anahtar sözcüğü ve varlığın tanımlayıcı ismiyle sağlanır.

```
-----------------------------------
-- Entity Örneği --
-----------------------------------

entity Ornek is
        port (A,B: in bit;
         Z: out bit;
end Ornek;
```

Şekil 3.6. Entity Örneği

Giriş ve çıkış sinyalleri ve onların tipleri **"port"** anahtar sözcüğü ile tanımlanır. Portların listesi parantez **"( )"** içerisinde yer alır. Listedeki her bir eleman için önce portun adı daha sonra da **":"** simgesi kullanılır. Aynı moddaki birçok port ve veri tipi adları **","** ile ayrılarak tek bir port ifadesiyle tanımlanabilir. Listenin içindeki elemanları veri tiplerine göre ayırmak için **";"** sembolü kullanılır.

Porttaki veri akış yönü **"in"** (giriş), **"out"** (çıkış), **"inout"** (giriş-çıkış) veya **"buffer"** (ara bellek) ifadeleri tarafından belirlenir. "bit" ve "natural" gibi değerler ise veri tiplerini simgeler ve kullanılan sinyalin alacağı değerlerin aralıklarını tanımlar. VHDL'de kullanılan bazı veri tipleri şunlardır;

— **bit:** 0 ve 1 değerini alabilir,

— **bit_vector:** aynı isim altında 0 ve 1'lerden oluşan bir dizi tanımlar,

— **integer:** pozitif ya da negatif tamsayılara karşılık gelir,

— **natural:** 0'dan başlayıp istenen bir limit değere kadar tamsayılar için kullanılır,

— **positive:** 1'den başlayıp istenen bir limit değere kadar tamsayılar için kullanılır,

— **boolean:** doğru ve yanlış olmak üzere 2 değerli bir veri tipidir.

3.5.2. Mimari(Architecture)

Mimari, davranışsal bir seviyeyi, RTL seviyesini veya bir kapı seviyesini ya da karışım alternatiflerinden birini bir varlık için gerçekler. Yani mimari, lojik fonksiyonun işlevini yerine getirir. Entity'de tanımlanmış portlar arasındaki ilişkiler bu bölümde gösterilir.

```
------------------------------------
-- Architecture Örneği --
------------------------------------

entity Ornek is
        port (A,B: in bit;
                Z: out bit;
end Ornek;

architecture uygulama of Ornek is
begin
Z <= A and B;
end uygulama;
```

Şekil 3.7. Architecture Örneği

Her mimari kesinlikle belirli bir varlığa bağlanmalıdır. Şekil 3.7'den de görüldüğü gibi mimari, **"architecture"** anahtar sözcüğü ile tanımlanır. Bu anahtar sözcüğünü, kullanıcı tarafından tanımlı bir mimari ismi (uygulama) takip eder. Bunu takiben **"of"** anahtar sözcüğü ve varlığın ismi (Ornek) kullanılır. Mimarinin başlığı entity ifadelerindeki gibi **"is"** ile sonlandırılır. Bu ilk satır, "uygulama" isimli mimarinin "Ornek" isimli devreye ait olduğunu gösterir.

Architecture gövdesi **"begin"** anahtar sözcüğü ile başlar. Bu kısımda "Ormek" isimli devrenin nasıl bir işlem gerçekleştireceği belirtilir. Sinyal atamaları ise **"<="** operatörü ile sağlanır. Bu sembol veri akış yönünü gösterir. Sağ taraftaki ve sol taraftaki veri tipleri birbirinin aynı olmak zorundadır. Örnek üzerinden de görüldüğü gibi, entity kısmında "**bit**" olarak tanımlanan A ve B girişleri, architecture kısmında lojik "**and**" işlemine tabi tutulmakta ve sonuç Z çıkışına aktarılmaktadır. Mimarinin sonlandırılması da yine varlıkta olduğu gibi **"end"** anahtar sözcüğü ile sağlanır.

3.5.2.1. İşlem(Process)

Process, sıralı bir işlem gerektiren durumlarda kullanılır. Mimarideki diğer ifadeler gibi davranmaktadır ve geleneksel programlama dillerindeki gibi biri diğerinden sonra gelen ifadeler içerirler. Bir işlemin gerçekleştirilmesi, olayların tetiklenmesiyle ilgilidir. Olası olay kaynakları, hassasiyet listesinde belirtilmiştir ve gerçekleştirmenin akışını kontrol etmek için kullanılır. Bir mimari, birden fazla işlem içerebilir. Ayrıca, mimari içerisinde oluşturulan bütün işlemler paralel olarak işlenir.

```
------------------------------------
-- Process Örneği --
------------------------------------

entity Ornek is
        port (A,B: in bit;
              X,Y,Z: out bit;
end Ornek;

architecture uygulama of Ornek is
begin
     process(A,B)        hassasiyet listesi
     begin
        X <= A and B;
        Y <= A or B;
        Z <= A xor B;
     end process;
end uygulama;
```

Şekil 3.8. Process Örneği

Bir işlem ifadesi "**process**" anahtar sözcüğü ile başlar. Hassasiyet listesi isteğe bağlıdır ve parantez (A,B) çifti arasında tanımlanır. Sıralı ifadeler **"begin"** anahtar sözcüğü ile başlar ve işlem **"end process"** anahtar sözcüğü ile tamamlanır.

Örnek üzerinden de görüldüğü gibi, hassasiyet listesinde belirtilen A ve B girişleri, process içerisinde and, or ve xor lojik işlemlerine tabi tutularak sırasıyla X, Y ve Z çıkışlarına atanır.

3.5.3. Konfigürasyon(Configuration)

Konfigürasyon, alt bileşenlerin(component) nasıl bir araya gelerek komple bir tasarım oluşturduğunu, blokların birbirine nasıl bağlandığını belirleyen yapıdır.

Bileşenler ile tam bir tasarım oluşturmak için, varlık ile mimari çifti arasında bağlantı oluşturulur.

Bir bileşen tanımlanması kesin bir soket tipinin bileşen örneklenmesi ile belirlenmesi demektir. Bir aygıtın örneklenmiş sokete gerçekten eklenmesi konfigürasyon ile yapılmaktadır. Şekil 3.9, alt bileşenlerin(component) bir araya gelerek "toplayici" isimli konfigürasyonu oluşturduklarını göstemektedir.

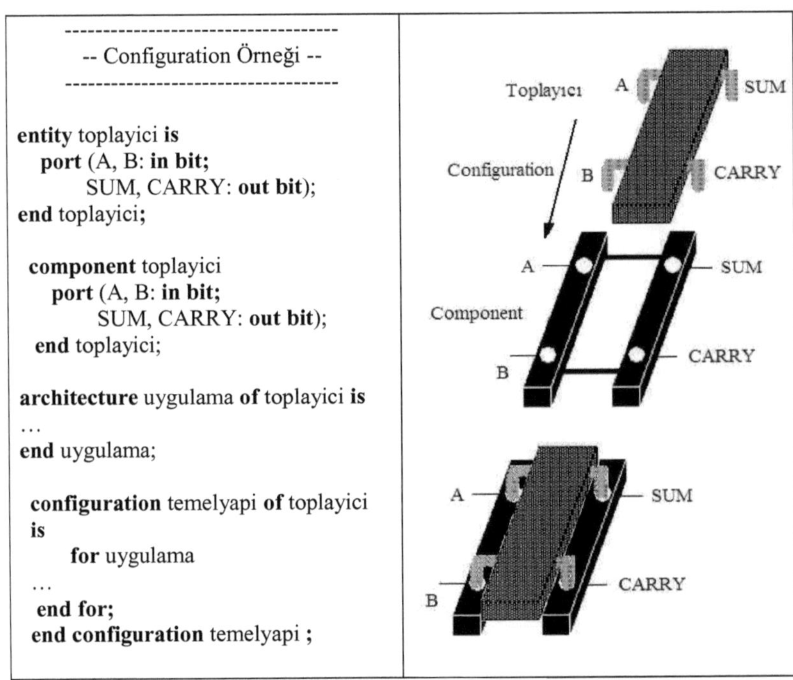

```
------------------------------------
-- Configuration Örneği --
------------------------------------

entity toplayici is
   port (A, B: in bit;
         SUM, CARRY: out bit);
end toplayici;

 component toplayici
    port (A, B: in bit;
          SUM, CARRY: out bit);
 end toplayici;

architecture uygulama of toplayici is
. . .
end uygulama;

 configuration temelyapi of toplayici
 is
      for uygulama
 . . .
 end for;
 end configuration temelyapi ;
```


Şekil 3.9. Configuration Örneği

Konfigürasyon, **"configuration"** anahtar sözcüğü ile tanımlanır. Bu anahtar sözcüğünü, kullanıcı tarafından tanımlı bir konfigürasyon ismi (temelyapi) takip eder. Bunu takiben **"of"** anahtar sözcüğü ve varlığın ismi (toplayici) kullanılır. Mimari ve entity ifadelerindeki gibi **"is"** ile sonlandırılır. **"end configuration"** anahtar sözcüğü ve konfigürasyon ismi ile tamamlanır.

3.5.4. Paket(Package)

Bir paket, veri tipleri, altprogramlar, sabitler, bileşenler, fonksiyonlar, vb. tanımlamalardan oluşur. Tasarımcı, kullanacağı ortak deklarasyonları paket içerisinde tanımlayarak, bunları tüm modül ve alt tasarımlarında kullanabilir. Böylece aynı ifadeleri tekrar tekrar yazma derdinden kurtulmuş olur. Farklı tasarım modüllerinin bir araya getirilerek genel bir VHDL modeli oluşturulmasını da kolaylaştırır ve takım çalışması için uygundur.

```
-----------------------------------
-- Package Başlığı --
-----------------------------------

package MUX is
    constant gecikme: integer;
    type MUX_in is array (integer
range <>) of bit_vector (0 to 7);
    type durum is (idle, dur, basla);
    subtype MUX_adres is positive;
    function adres_E (in1: MUX_in)
return MUX_adres;
end MUX;
```

```
-----------------------------------
-- Package Gövdesi --
-----------------------------------

package body MUX is
    constant gecikme: integer := 13;
    function adres_E (in1: MUX_in)
return MUX_adres is
    begin
    ...
    end;
end package body MUX;
```

Şekil 3.10. Package Örneği

Şekil 3.10'dan görüldüğü gibi bir paket, başlık(header) ve gövde(body) olarak iki bölüme ayrılır. Paketin başlığı, fonksiyon veya prosedürün belirtimi, gerekli tüm veri tiplerinin tanımlanması gibi tüm tanımlamaları içerir. Altprogramın gerçekleştirimi ise gövde kısmında yer almaktadır. Dolayısıyla, kısa paket başlıkları kullanılan VHDL kodunun derleme süreci kolaylaşır.

Paketin VHDL kodu içerisinde tanımlanması kullanım amacına aykırıdır. Bu yüzden paketin çalışılan kütüphane içerisinde veya oluşturulacak özel bir kütüphanede tanımlanması daha uygudur.

```
library My_library;
use My_library.lojik_kapilar.all;
```

Şekil 3.11. Package Kullanım Örneği

Şekil 3.11'de görüldüğü gibi önceden oluşturulan "My_library" isimli kütüphane içerisindeki "lojik_kapılar" isimli paketin kullanımı için **"use"** anahtar sözcüğü kullanılmaktadır. **"all"** anahtar sözcüğü ise pakette görünen tüm objelere referans göstermek için kullanılır.

3.5.4.1. Kütüphane(Library)

Tüm paketler, paket gövdeleri, varlıklar, mimariler ve konfigürasyonlar kütüphane içerisinde yer alır. VHDL'de kütüphane, derlenmiş objelerin grup halinde bulunduğu ve referans verilebildiği mantıksal isimdir.

Genellikle her bir tasarımcı kendi çalışma kütüphanesi üzerinde çalışır. Ancak diğer kütüphanedeki birimleri de kullanabilir. Şekil 3.12'de görüldüğü gibi kütüphane ifadesi, **"library"** anahtar sözcüğünden sonra kütüphanenin mantıksal ismi kullanılarak yapılır. IEEE kütüphanesi sıklıkla kullanılır çünkü birçok standartlaşmış paketi içerir.

```
library IEEE; -- ieee kütüphanesi
-----------------------------------------------------------
library unisim; -- xilinx kütüphanesi
-----------------------------------------------------------
library altera_mf; -- altera kütüphanesi
```

Şekil 3.12. Library Kullanım Örneği

3.6. VHDL Operatörleri

VHDL donanım programlama dilinde kullanılan operatör çeşitleri aşağıdaki tablolar üzerinde açıklaması ve örnek gösterimleri ile detaylı olarak görülmektedir.

Tablo 3.1. Aritmetik Operatörler

Aritmetik Operatörler		
Operatör	**Açıklama**	**Örnek gösterim**
+	Toplama	2+1=3
-	Çıkarma	3-2=1

*	Çarpma	3*2=6
/	Bölme	7/2=3
mod	Kalan	5 **mod** 2 = 1, 7 **mod** 5 = 2
**	Üs alma	2 ** 3 = 8, 3 ** 4 = 81

Tablo 3.2. Mantıksal(Lojik) Operatörler

Matıksal(Lojik) Operatörler		
Öperatör	**Açıklama**	**Örnek gösterim**
NOT	Lojik "değil" işlemi	**NOT** 0 = 1 **NOT** 1 = 0
AND	Lojik "ve" işlemi	0 **AND** 0 = 0 0 **AND** 1 = 0 1 **AND** 0 = 0 1 **AND** 1 = 1
OR	Lojik "veya" işlemi	0 **OR** 0 = 0 0 **OR** 1 = 1 1 **OR** 0 = 1 1 **OR** 1 = 1
XOR	Lojik "özel veya" işlemi	0 **XOR** 0 = 0 0 **XOR** 1 = 1 1 **XOR** 0 = 1 1 **XOR** 1 = 0
XNOR	Lojik "özel veya değil" işlemi	0 **XNOR** 0 = 1 0 **XNOR** 1 = 0 1 **XNOR** 0 = 0 1 **XNOR** 1 = 1

Tablo 3.3. Karşılaştırma Operatörleri

Karşılaştırma Operatörleri	
Öperatör	**Açıklama**
=	Toplama
/=	Çıkarma
<	Çarpma
<=	Bölme
>	Kalan
>=	Üs alma

3.7. VHDL Tasarım Akışı

VHDL'de tasarım akışı kodlama, simülasyon ve sentezleme olmak üzere üç ana kısımdan oluşur.

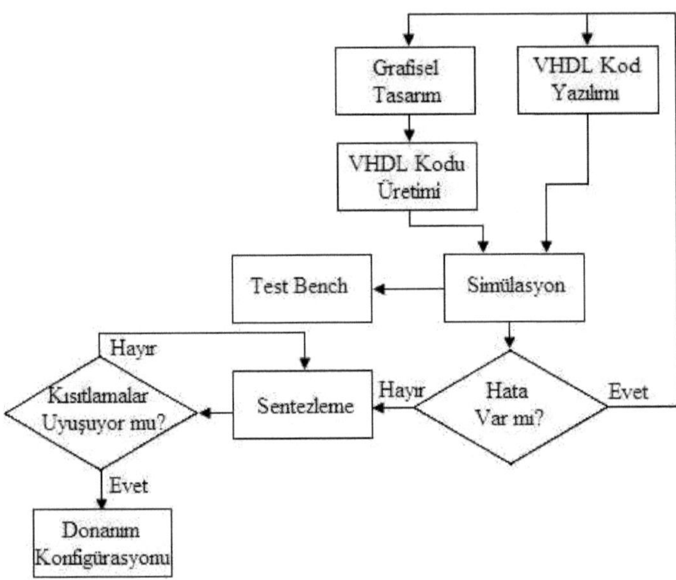

Şekil 3.13. VHDL Tasarım Akışı

Kodlama, programın VHDL kodunun yazılma aşamasıdır. Tasarımcı dilerse kodun hepsini kendi yazabilir ya da program sihirbazlarını kullanarak bir kısmını derleyici program aracılığı ile oluşturabilir.

Simülasyon kısımda, oluşturulan VHDL kodun simülasyonu yapılarak programın doğru çalışıp çalışmadığı test edilir. Bu sayede, test esnasında fark edilen hatalar, programın FPGA'ya yüklenmesinden önce düzeltilir.

Sentezleme aşamasında, yazılım dili olan VHDL programı donanım diline çevrilir. Yani, RTL şeması çıkarılır. Yazılan VHDL kodu sentezleme sonucunda, derleyici tarafından FPGA'ya yüklenecek olan konfigürasyon dosyasına çevrilir. Sentezleme işlemi genel olarak derleyiciler tarafından yapılır.

BÖLÜM 4. QUARTUS II WEB EDITION YAZILIMI

Her FPGA üreticisi kendine has terminoloji, teknik ve iletişim kurallarına sahiptir. Kullanıcıların oluşturmak istediği dijital tasarımın gerçeklenmesi için çeşitli araç ve akışlar vardır. Bu süreç içerisinde "configuration file", "bit file" ya da "soft file" olarak isimlendirilen yapılandırma dosyaları kullanıcı tarafından özel işlevi gerçeklemek için hazırlanır ve FPGA' ya yazılacak durama gelir. Bu yapılandırma dosyaları üretici firmaların sunduğu ürün geliştirme programları tarafından oluşturulur.

Projede kullanılan Altera DE2 kartının geliştirme programı olarak, yine Altera firmasını sunduğu Quartus II Web Edition yazılımı kullanılmaktadır. Bu yazılım altera resmi web sitesi üzerinden ücretsiz olarak indirilerek kullanılabilmektedir. [50].

Program ilk çalıştırıldığında karşımıza çıkan ekran görüntüsü Şekil 4.1'deki gibi gelmektedir[51].

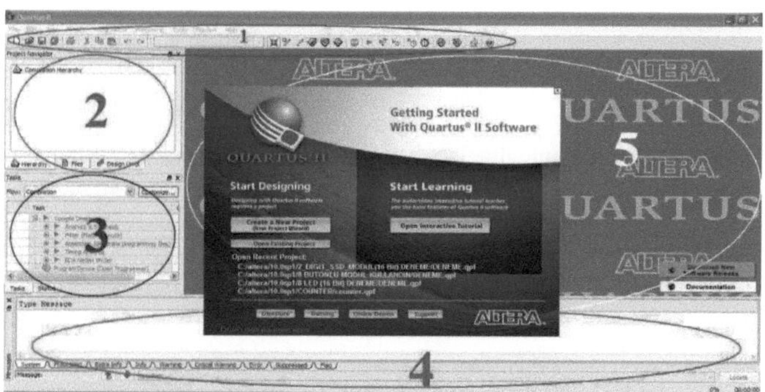

Şekil 4.1. Quartus II Web Edition Yazılımı Arayüzü

Ön kısımda görünen "Getting Started With Quartus II Softwar" isimli pencere üzerinde görüldüğü gibi "Start Designing" ve "Start Learning" isimli iki kısım yer almaktadır. Sol taraftaki kısım daha önceden oluşturduğumuz projelerimize hızlı bir erişim sağlamakla birlikte hızlıca yeni bir proje oluşturmamıza imkan sağlarken, sağ taraftaki kısım üretici tarafından hazırlanan yazılım hakkında kısa bir ders sunmaktadır.

1 ile gösterilen kısım, araç çubuğunu göstermektedir. Proje üzerinde yapılacak olan değişiklikler, sentez ve simülasyon işlemleri, pin tanımlama ve atama işlemleri, yazılım yükleme işlemleri gibi bir çok önemli işlemler bu araç çubuğu yardımıyla gerçekleştirilir.

2 ile gösterilen kısım, "Project Navigator" olarak isimlendirilmiştir. Yani üzerinde çalışılan projenin göründüğü kısımdır. Bu kısım, üzerinde çalışılmakta olunan projenin tasarı ismini (Entity), işlem sürecinde olan dosya isim ve uzantılarını ve projede yer alan çeşitli birimleri barındırmaktadır.

3 ile gösterilen kısım, projenin derlenmesi sırasındaki durumunu yüzdelik olarak ifade eder. Yani, projenin analiz ve sentezini, uygun bağlantılarını, programlama dosyalarını, zamanlama analizini ve yazma araçlarını derleme esnasında denetler.

4 ile gösterilen kısım, projenin derleme veya yükleme esnasında oluşan hata ve uyarıların gösterildiği kısımdır. Derleme sırasında oluşan hatalar ve hangi aşamada meydana geldikleri kırmızı yazıyla, uyarılar ise sarı yazıyla kullanıcıya bildirilir.

5 ile gösterilen kısım ise, kullanıcının kendi dijital tasarımını gerçekleştirebildiği kısımdır. Bu kısımda, kullanıcı yapmak istediği tasarıyı görsel olarak bloklar halinde veya kod parçacıkları şeklinde dizayn edebilmektedir.

4.1. Yeni Proje Oluşturma

Quartus yazılımında yeni bir proje oluşturmak için ya programı ilk çalıştırdığımızda karşımıza gelen "Getting Started With Quartus II Softwar" ekranı üzerindeki "Start Designing" kısmındaki "Create a New Project " kısmına tıklamak Şekil 4.2'deki gibi ya da ekranın en üst kısmında yer alan "File" menüsünden "New Project Wizard" a tıklamak gerekir.

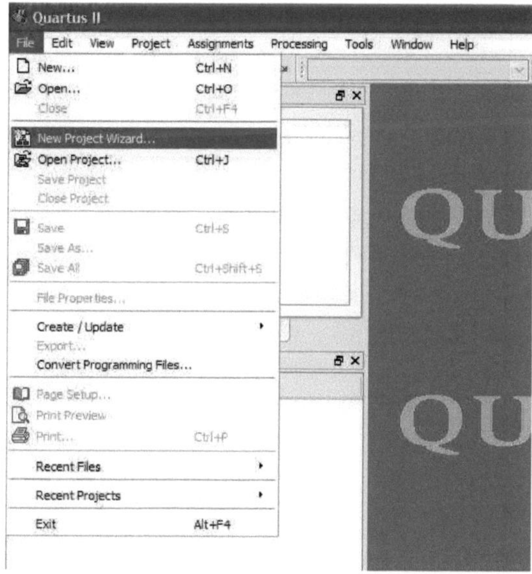

Şekil 4.2. File Menüsünden Yeni Proje Oluşturma

Bu aşamadan sonra, Şekil 4.3'deki gibi projemizi oluştururken daha ileriki kısımlarda yapmamız gerek 5 önemli noktayı hatırlan bir bilgilendirme ekranı gelmektedir.

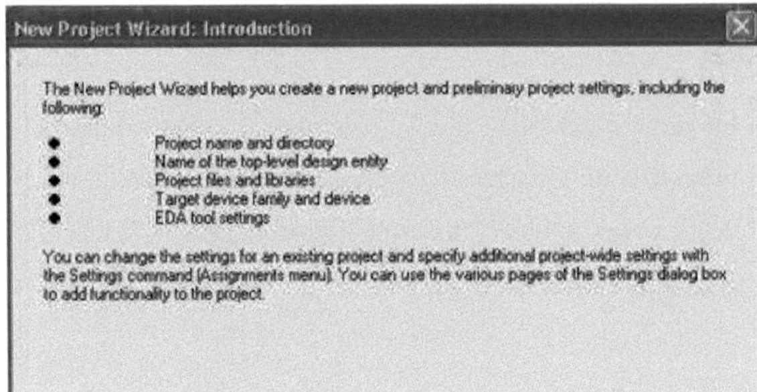

Şekil 4.3. Bilgilendirme Ekranı

Sonrasında karşımıza gelen ekran, projemizin hangi klasörde tutulacağını, proje ve tasarı isminin (Entity Name) ne olacağını soran kısım olacaktır. Aşağıdaki şekilden de görüldüğü gibi projemizin saklanacağı klasörün ismi "DENEME", proje ve tasarının ismide "yeni_proje" olarak belirtilmiştir. Dolayısıyla, "DENEME" klasörü içerisinde "yeni_proje.bdf" isimli çalışma dosyamız oluşturulmaktadır. Buradaki önemli nokta, proje ve tasarı isimlerinin aynı olmasına dikkat edilmelidir. Aksi taktir de ileriki aşamalarda derleyici hata verecektir.

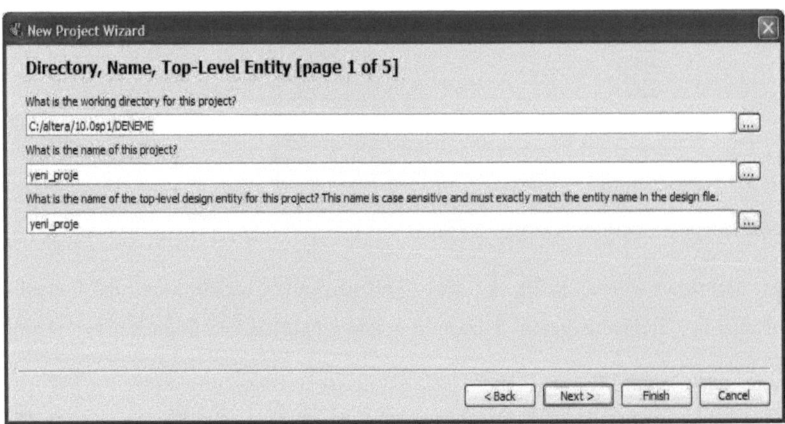

Şekil 4.4. Yeni proje Oluşturma 1.Aşama

"Next" butonuna tıkladıktan sonra karşımıza diğer bir sorgu ekranı gelmektedir. Bu kısım, oluşturmakta olduğumuz proje içerisine daha önceden kaydettiğimiz başka bir çalışmayı ekleyip eklemek istemediğimizi soran ekrandır. Eğer daha önceden çalıştığımız bir projemiz var ve onu oluşturmakta olduğumuz çalışma içerisinde kullanmak istiyorsak Şekil 4.5'de gösterilen ekran üzerinden "Add" butonuna tıklayarak çalışmamıza ekleyebiliriz. Böyle bir düşüncemiz yok ise bu ekranı doğrudan "Next" butonuna tıklayarak geçebiliriz.

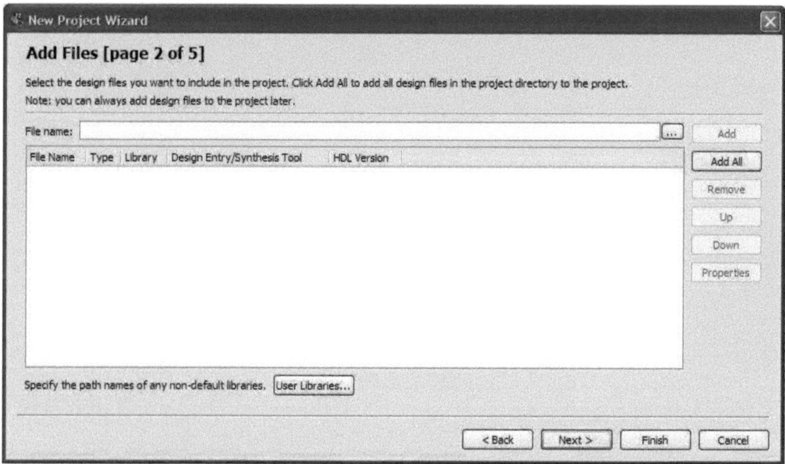

Şekil 4.5. Yeni proje Oluşturma 2.Aşama

Bir sonraki aşamada karşımıza gelen ekran Şekil 4.6'daki gibi olmaktadır. Bu kısımda bizden istenen Quartus yazılımıyla oluşturacağımız dijital tasarımın hangi Altera FPGA'sı tarafından yürütüleceğinin belirlenmesidir. Yani kullanmakta olduğumuz eğitim ve geliştirme kartının üzerindeki FPGA ailesinin belirlenmesi istenmektedir. Ekranın sağ üstkımında FPGA ailesi seçildiğinde alt kısımda o aile içindeki tüm FPGA numaraları belirmektedir. Ekranın sağ üst kısmında yer alan FPGA paketi, pin sayısı ve hız seviyesi belirten kısımlar olduğu gibi bırakılmalıdır. Projemizde kullandığımız Altera DE2 kartımız, Cyclone II ailesinden EP2C35F672 numaralı FPGA'ya sahip olduğundan bunu seçerek ekliyoruz.

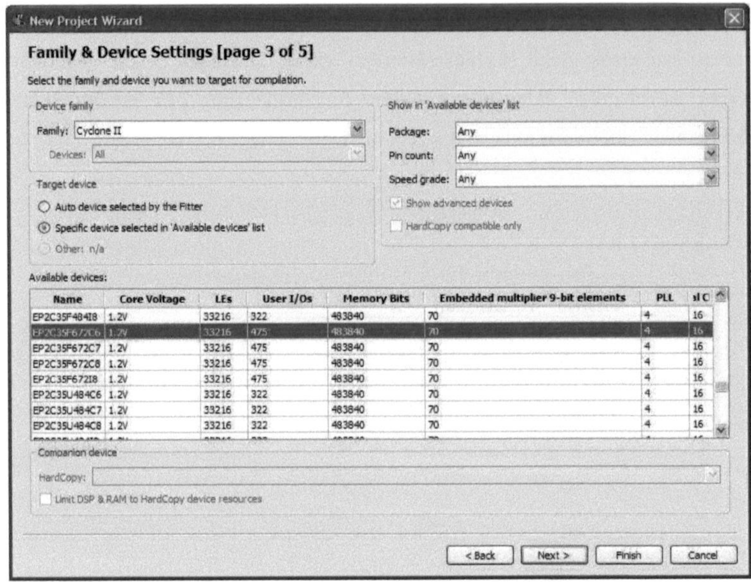

Şekil 4.6. Yeni proje Oluşturma 3.Aşama

Daha sonra "Next" butonuna tıklayınca karşımıza gelen ekran Şekil 4.7'deki gibi tasarının sentezlenmesi için kullanılacak olan araçların, simülasyonu için kullanılacak olan programların vb. işlemlerin seçilmesinin ve formatlarının belirlenmesinin istediği kısım olmaktadır. Bu kısım tamamen kullanıcı isteğine bırakılmıştır.

Şekil 4.7. Yeni proje Oluşturma 4.Aşama

Son kısımda ise aşağıdaki şekilde gösterildiği gibi ilk aşamadan son aşamaya kadar belirlemiş olduğumuz özellikler hakkında genel bilgiler yer almaktadır.

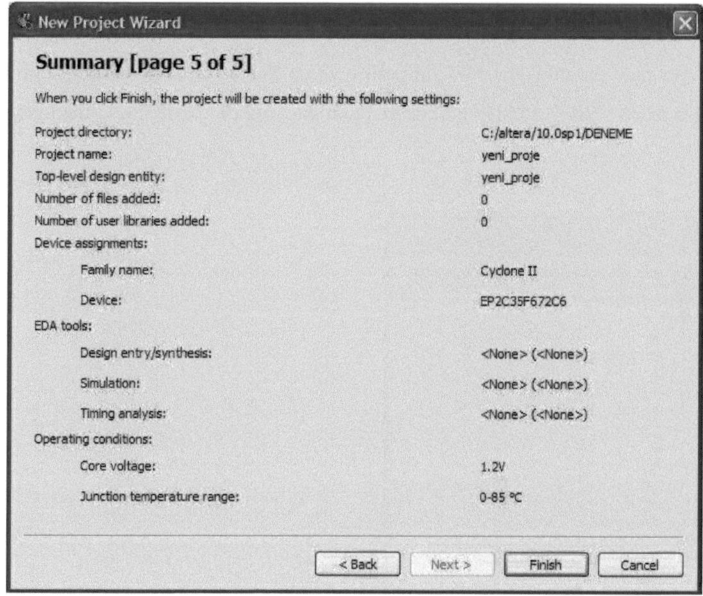

Şekil 4.8. Yeni proje Oluşturma 5.Aşama

"Finish" butonuna tıklandığında "Project Navigator" kısmında Şekil 4.9'da görüldüğü gibi, üzerinde çalışmalarımızı yapabileceğimiz "yeni_proje" ismindeki çalışma ortamımız meydana getirilecektir.

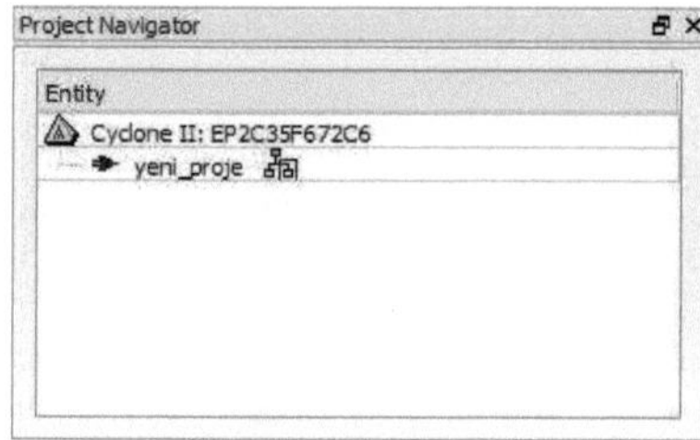

Şekil 4.9. Yeni Proje

4.2. Çalışma Ortamı Seçimi

Oluşturmuş olduğumuz proje Project Navigator kısmına eklendikten sonra yapacağımız ilk iş çalışma ortamımızı seçmek olacaktır. Şekil 4.1'de gösterildiği gibi 1.kısım da yer alan en soldaki “ ” simgesine ya da Şekil 4.2'de gösterildiği gibi “File” menüsünden “New” a tıklandığında gelen menü aşağıda görülen şekildeki gibi olacaktır.

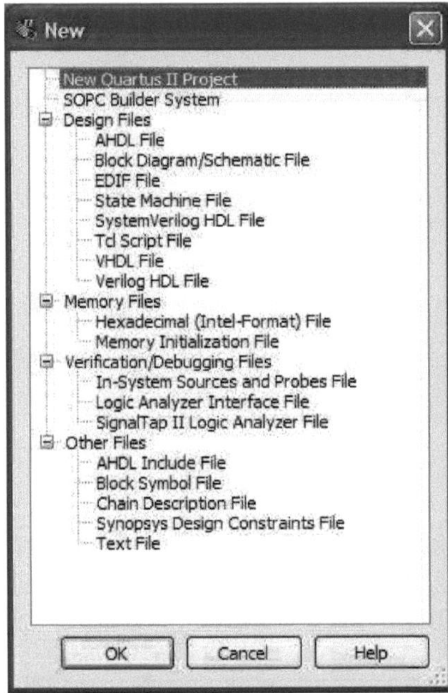

Şekil 4.10. Çalışma Ortamı Seçim Ekranı

Şekilden de görüldüğü üzere kullanıcılar için çok çeşitli çalışma ortamları sunulmaktadır. Bu ortamlardan bazıları görsel tasarım bazıları da kod yazılmasıyla tasarım sağlamaktadır. En çok kullanılanları “Block Diagram/Schematic File” ve “VHDL File” dir. Kendi çalışmamızda da bu iki çalışma ortamından faydalanılmıştır.

4.2.1. Block Diagram/Schematic File

Bu çalışma ortamını seçtiğimizde karşımıza gelen ekran aşağıda görüldüğü gibi olmaktadır. Çalışmalarımızı yapacağımız sağ kısım görsel bir tasarım yapılacağının işaretini veren milimetrik kağıt biçiminde gelmektedir.

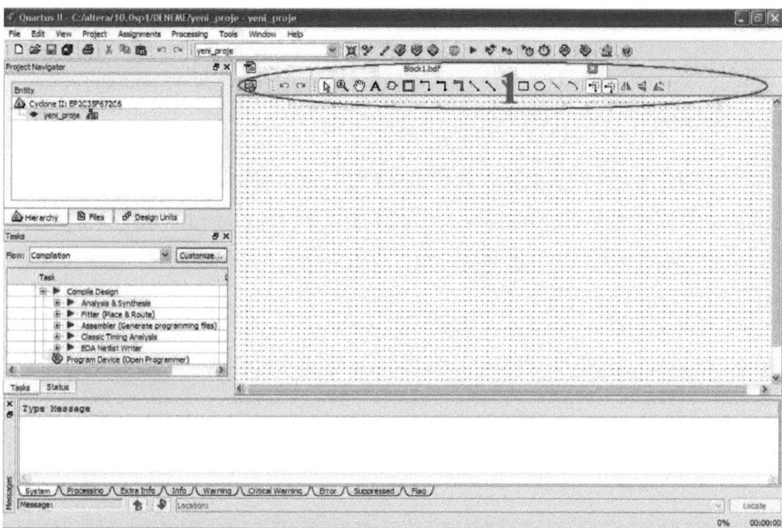

Şekil 4.11. Block Diagram/Schematic File Ekranı

"Block Diagram/Schematic File" ekranında en çok kullanılacak olan kısım 1 ile gösterilen araç çubuğu olmaktadır.

en solda yer alan simge olup, çalışma alanının tam ekran durumuna getirilmesini sağlamaktadır.

A simgesi, çalışma ortamında istediğimiz yere yazı eklememize imkan sağlamaktadır.

simgesi, çalışma içerisinde kullandığımız lojik elemanların seçilerek blok haline getirilmesini sağlamaktadır.

simgeleri, çalışma alanına yerleştirilen lojik elemanların giriş ve çıkışlarının istenilen biçimde ve kalınlıktaki veri yolları ile birbirlerine bağlanması için kullanılır.

simgeleri, çalışma alanında yer alan lojik elemanların gruplandırılması için kullanılır. Gruplandırılmak istenen kümenin etrafı kare veya daire ile belirlenir.

simgeleri ise, çalışma alanına yerleştirilen lojik elemanların bağlantı uçlarına uyacak şekilde sağ, sol, yukarı ve aşağı yönlerde döndürülmesini sağlamaktadır.

buradaki en önemli simgedir. Üzerine tıklandığında Şekil 4.12'de görülen ve çalışmamızda kullanmak istediğimiz lojik elemanları seçmemizi sağlayan quartus kütüphane ekranı karşımıza gelecektir. Aynı işlem çalışma alanı üzerinde çift tıklanarak ta yapılabilir.

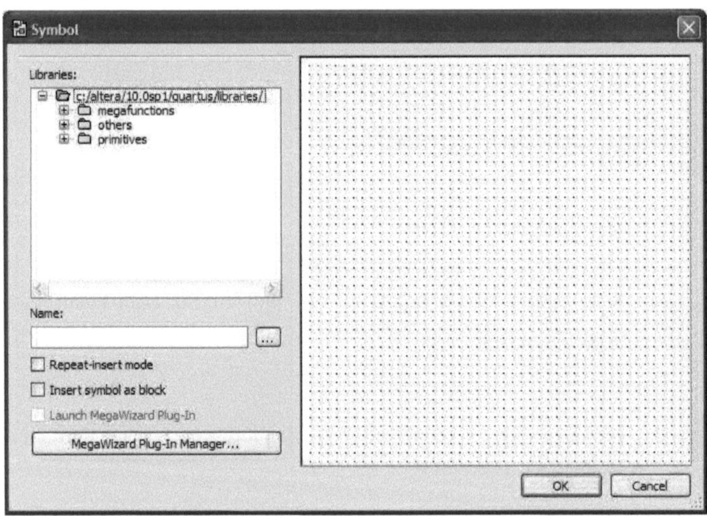

Şekil 4.12. Quartus Kütüphane Ekranı

Yukarıdaki ekran görüntüsünden de görüldüğü üzere, sol tarafta quartus kütüphanesi içindeki dosyalar, sağ tarafta da yine küçük bir çizim alanı mevcuttur. Kullanıcı klasör yanlarındaki "+" işaretlerine tıklayarak daha alt klasörlerdeki dosyalara erişir.

Kullanıcı bu klasörlerden herhangi bir elemanı seçerek çalışma alanına eklemek istediğinde, hem elemanın ismini hem de şeklini bu ekran üzerinden görebilmektedir.

"megafunctions" klasörü altında, aritmetik hesap yapan elemanlar, çarpıcılar, kodlayıcılar, kod çözücüler, dijital giriş çıkış birimleri gibi karmaşık işlemler için kullanılan dijital elemanlar yer almaktadır.

"others" klasörü altında, çok çeşitli entegre devre modelleri ve zaman sayıcıları yer alır.

"primitives" klasörü en çok kullanılan kısımdır. Bu kısım içerisinde, bufferlar, temel lojik elemanlar, besleme ve toprak gibi olmazsa olmazlar, çalışmada en çok kullanılacak olan giriş çıkış pinleri ve flip-flop gibi hafıza elemanları yer almaktadır.

Şekil 4.13, çalışma ortamında tasarlanan iki girişli örnek bir VE (AND) kapısını göstermektedir. Kapı girişlerine bağlanmış iki giriş pini (pin_name ve pin_name1) ve bir çıkış pini (pin_name2) de görülmektedir. Çalışmanın ilerleyen kısımlarında kolaylık sağlaması açısından bu pinlerin üzerine sağ tıklanıp "properties" kısmına girilince pin isimleri istenildiği gibi değiştirilebilir.

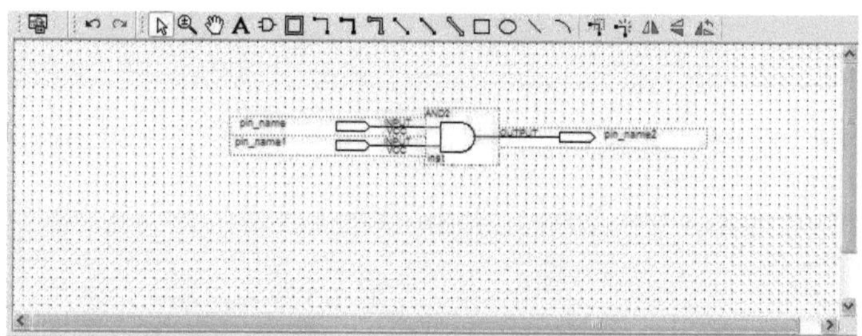

Şekil 4.13. İki Girişli Örnek VE Kapısı Şematik Çizimi

4.2.2. VHDL File

Şekil 4.10. da görülen çalışma ortamı seçim ekranından bu ortam seçildiğinde karşımıza aşağıdaki Şekil 4.14. teki gibi bir ekran çıkmaktadır. Çalışmalarımızı yapacağımız sağ kısım yazılımsal olarak tasarım yapılacağının işaretini veren boş bir A4 sayfası biçiminde gelmektedir [52].

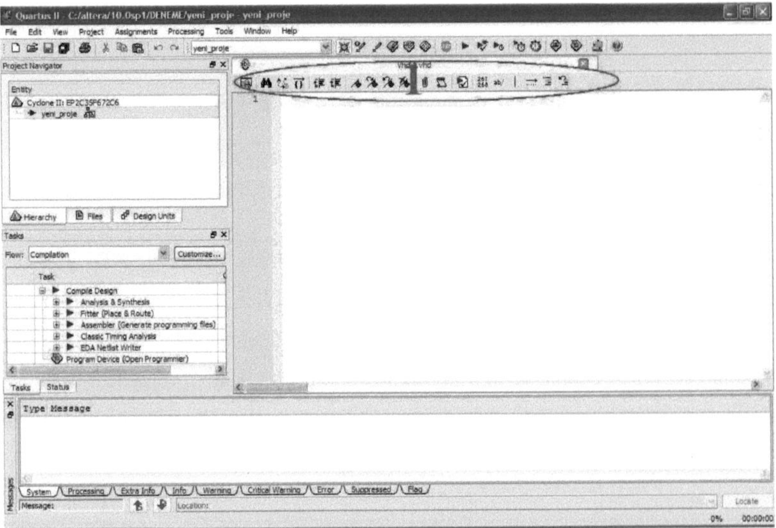

Şekil 4.14. VHDL File Ekranı

"VHDL File" ekranında en çok kullanılacak olan kısım 1 ile gösterilen araç çubuğu olmaktadır.

en solda yer alan simge olup, çalışma alanının tam ekran durumuna getirilmesini sağlamaktadır.

simgesi, yazılan kod üzerinde herhangi bir ifadenin hızlıca aratılıp bulunması için kullanılır.

simgesi, yazılan kod üzerinde herhangi bir ifadenin aratılarak, o ifade istenilen başka bir ifade ile hızlıca değiştirilmesini sağlamaktadır.

simgesi, başka bir hızlı bul arcıdır. Kod üzerindeki bir karakterden aynı olanlarını bularak vurgular.

simgeleri, kod üzerindeki istenilen satırın girintisini değiştirebilmek için kullanılır.

simgeleri, kod üzerinde kullanıcının istediği bir satırda işaretleme yapmasını, bu işareti geri almasını ya da kaldırabilmesini sağlamaktadır.

simgesi, çalışma alanına daha önceden yazılmış başka bir kod ekleyebilme imkanı sağlar.

simgesi, quartus kütüphanesinde mevcut olan çeşitli hazır program kodlarından kullanıcı tarafından seçilen herhangi birinin, çalışma içerisinde kullanılmasına imkan sağlar. Bir nevi hazır kod parçası ekleme işlemini yerine getirir.

simgesi, kullanıcının yazmış olduğu kodun doğruluk analizini yapmaktadır. Hata var ise mesaj ve uyarılar kısmında bildirilir.

267
268
simgesi, kullanıcının kaçıncı satır üzerinde çalıştığını gösterir.

ab/ simgesi, uzunca yazılmış olan kodun, bir satıra sığmayacağı durumlarda devamının bir alt satırdan devam ettirilmesine olanak verir.

simgesi, ilk satır ile sonraki satırlar arasındaki girinti hizalarının yerlerinin belirlenmesini sağlamaktadır.

simgesi, kod parçacıklarının başlangıç ve bitiş noktalarını vurgulamak için kullanılır.

araç çubuğunun en sağında yer alan simge ise, kullanıcını gerek gördüğü zaman açıklama satırı ekleyebilmesine imkan verir veya belirli bir kod kısmını hızlıca etkisiz hale getirmek için kullanılır.

4.2.2.1 Yazılımsal çalışma üzerinden sembol dosyası oluşturma

Programsal olarak gerçekleştirilen çalışmalar, Şekil 4.13'teki gibi hemencecik görsel olarak görüntülenemezler. Bu sebepten dolayı, projemizde de kullanmış olduğumuz yöntem doğrultusunda, yazılan kod kısmı görsel hale getirilmek istendiği durumlarda sembol haline dönüştürülmesi gerekir.

Aşağıdaki şekilde, çalışma ortamında VHDL dili kullanılarak yazılımsal olarak tasarlanan iki girişli örnek bir VE (AND) kapısını gösterilmektedir.

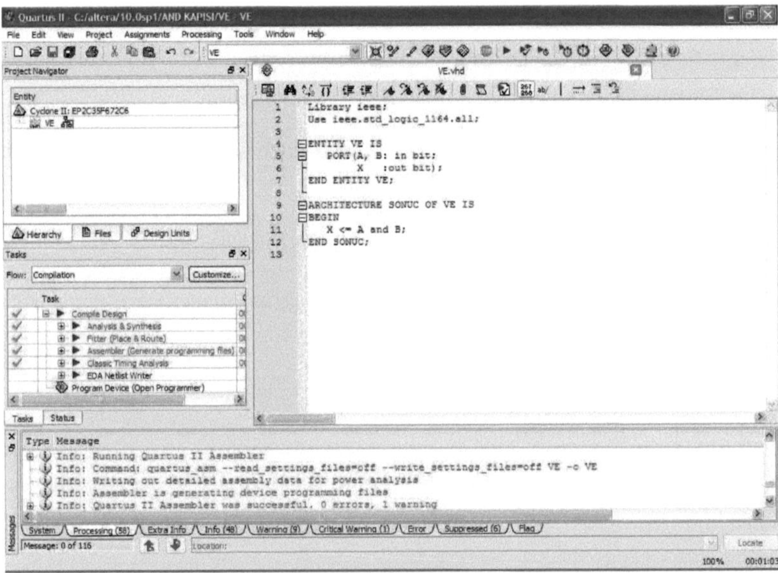

Şekil 4.15. İki Girişli Örnek VE Kapısı Yazılımsal Gösterimi

Görüldüğü gibi "A" ve "B" ifadeleri VE kapı girişlerini, "X" ifadesi de çıkışı simgelemektedir. Oluşturduğumuz çalışma klasörü içerisine dosyamızı kaydettiğimizde, "VE.vhd" isimli dosyamız oluşturulmaktadır. Bu kodu kullanarak sembol dosyası oluşturmak istediğimizde, Şekil 4.16'da görüldüğü gibi "File" menüsünden "Create/Update" altındaki "Create Symbol Files for Current File" sekmesine tıklamamız yeterli olacaktır. Yazmış olduğumuz kod kısmına karşılık gelen sembol dosyası Quartus programı tarafından otomatik olarak oluşturulacak ve çalışma klasörümüzün içerisine "VE.bsf" ismiyle eklenecektir.

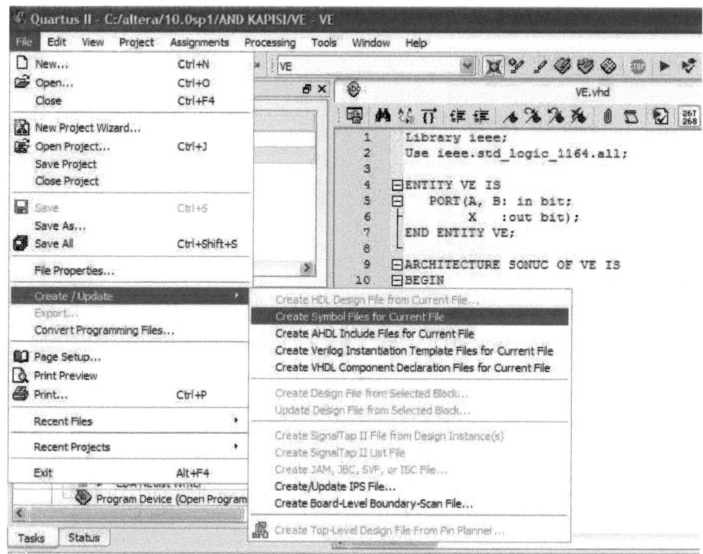

Şekil 4.16. Kod ile Sembol Dosyası Oluşturma

4.2.2.2. Oluşturulan sembol dosyasını kullanma

Yazılımsam çalışma üzerinden oluşturulmuş olan sembol dosyasını görsel çalışma ortamında kullanmak istediğimiz durumda, yeni bir Block Diagram/Schematic File çalışma ortamlı oluşturup, ".vhd" ve ".bsf" dosyalarımızı çalışma klasörümüzün içine kopyalamamız ya da Şekil 4.5'deki yeni proje oluşturma 2. aşamasında gibi bu dosyaları seçerek çalışmaya eklememiz gerekmektedir.

Önceki kısımda yazılımsal çalışma üzerinden oluşturduğumuz "VE.vhd" ve "VE.bsf" dosyalarımızı, yeni bir Block Diagram/Schematic File çalışma ortamı oluşturup bu çalışmanın klasörüne kopyaladıktan sonra çalışma alanına çift tıklama sonucu Şekil 4.17'deki gibi ekran belirir.

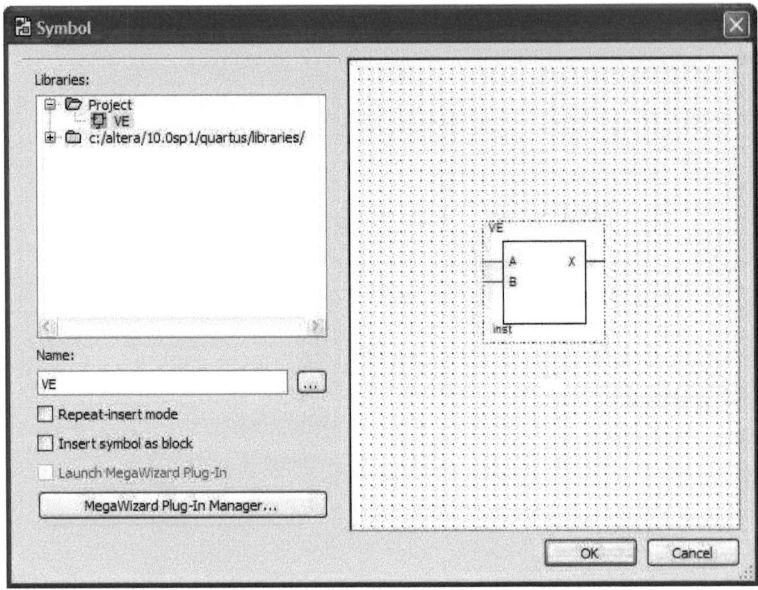

Şekil 4.17. Oluşan Sembol Dosyası

Bu ekran üzerinden de görüldüğü gibi, yazılımsal çalışma üzerinden tasarlamış olduğumuz sembol dosyası "Project" klasörü içinde "VE" adı altında yer almakta olup meydana getirilen, A ve B 'in girişi ve X'in de çıkışı gösterdiği sembol de sağ tarafta açıkça görülmektedir. Bu sayede yazılımsal olarak meydana getirdiğimiz tasarımı görsel hale dönüştürmüş. Artık, Block Diagram/Schematic File çalışma ortamındaki diğer tüm elemanlar gibi bu sembol de her yerde kullanabilir[51].

4.3. Tasarının Derlenmesi ve Pin Atamaları

Kullanıcı tarafından oluşturulan tasarının derleme işlemi, araç çubuğunda yer alan ► simgesine tıklanmasıyla, Şekil 4.18'deki gibi "Processing" menüsü altındaki "Start Compilation" sekmesine tıklanarak ya da Ctrl+L tuşlarına aynı anda basılmasıyla başlatılır.

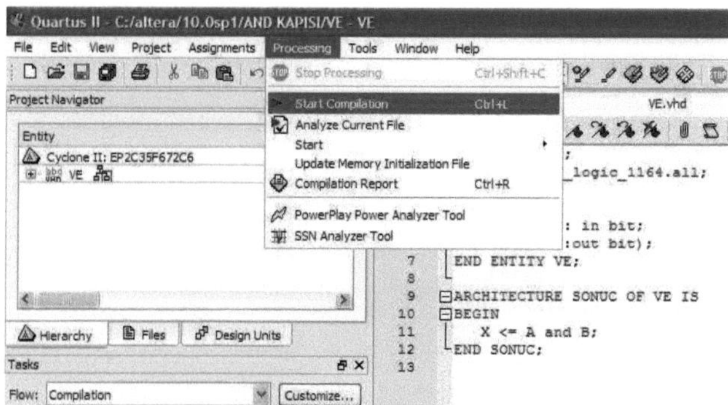

Şekil 4.18. Tasarının Derlenmesi

Tasarıda herhangi bir hata olması durumunda, derleme işlemi Quartus programı tarafından durdurularak hata mesajı verilir. Eğer doğru bir şekilde planlanmış ve herhangi bir eksik yok ise yürütülen işlemlerin gösterildiği "Task" penceresindeki bütün işlemler Şekil 4.19'daki gibi yeşil olarak gözükecektir.

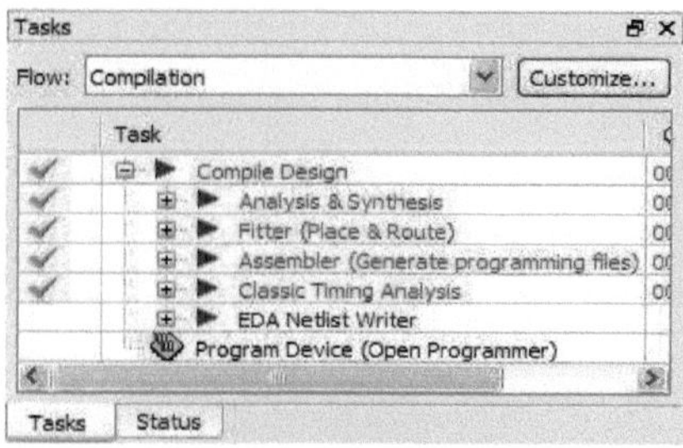

Şekil 4.19. Doğru Bir Tasarım İşlemi

Tasarının derleme işlemi doğru bir şekilde bittikten sonra pin atama işlemine geçilir. Çalışma ortamı için hangi yöntem seçilirse seçilsin, oluşturulan dijital tasarım içinde kullanılan giriş, çıkış ya da hem giriş hem de çıkış pinlerinin atama işlemi aynı şekilde yapılmaktadır. Ancak, pin atama işlemine başlamadan önce, oluşturulan tasarının derlenmesi gerekmektedir. Aksi taktirde, tasarıya pin atama işlemi yapılamaz.

Örnek olarak Şekil 4.15'de gösterildiği gibi yazılımsal olarak oluşturduğumuz iki girişli VE kapısında kullanılacak olan pinlerin atanması için, araç çubuğunda yer alan simgesine tıklanmasıyla, Şekil 4.20'deki gibi "Assingments" menüsü altındaki "Pin Planner" sekmesine tıklanarak ya da Ctrl+Shift+N tuşlarına aynı anda basılmasıyla başlatılır.

Şekil 4.20. Pin Atama İşlemi

Pin atama işlemi başlatılmadan önce kullanılan FPGA'nın pin bağlantı tablosunun, kullanıcı tarafından önce temin edilmiş olması gerekir. Aksi taktirde çalışmasına ekleyeceği pin bağlantıları yanlış olacaktır. Pin atama işlemi başlatıldığında, pin FPGA da bulunan bütün pin bağlantılarının gösterildiği "Pin Planner" ekranı karşımıza gelecektir.

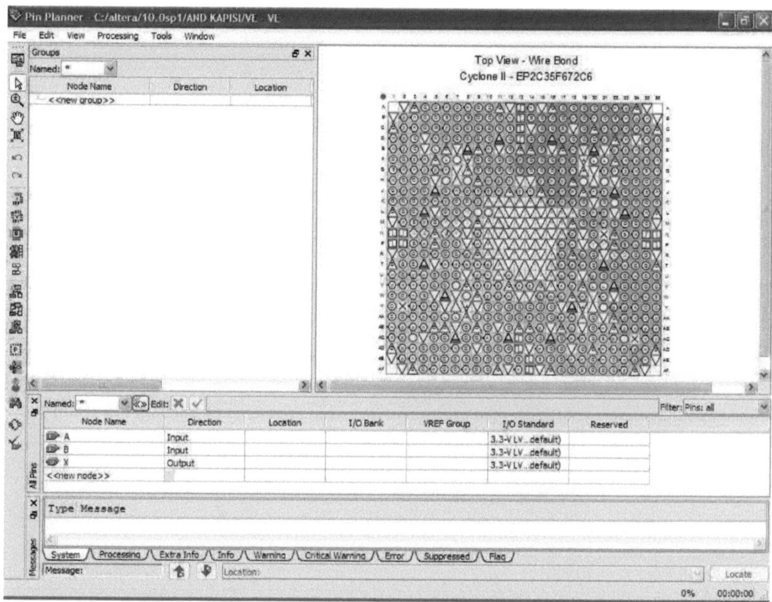

Şekil 4.21. Pin Planner Ekranı

Yukarıdaki "Pin Planner" ekranından da görüldüğü üzere çalışmamız için belirlediğimiz "Cyclone II – EP2C35F672C6" FPGA pin dağılımları, A dan başlayarak AF ye kadar devam eden satır isimleri ve 1 den başlayarak 26'ya kadar devam eden sütun isimleri ile 26X26'lık bir kare matris düzeni şeklinde karşımıza gelmektedir. Hemen altında örnek olarak oluşturduğumuz VE kapısının giriş (Input) uçları A ve B ile çıkış (Output) ucu X görülmektedir.

Pin atama işlemini gerçekleştirebilmek için FPGA'nın gerekli hücresine çift tıklanınca karşımıza çıkan "Pin Properties" ekranı üzerinde görüldüğü gibi, "Node Number" tıklandığında açılan menüde belirtilen pin isimlerinden istenilen seçilip "Apply" butonuna tıklandığında seçilen pin numarasına belirtilen pin atanmış olacaktır.

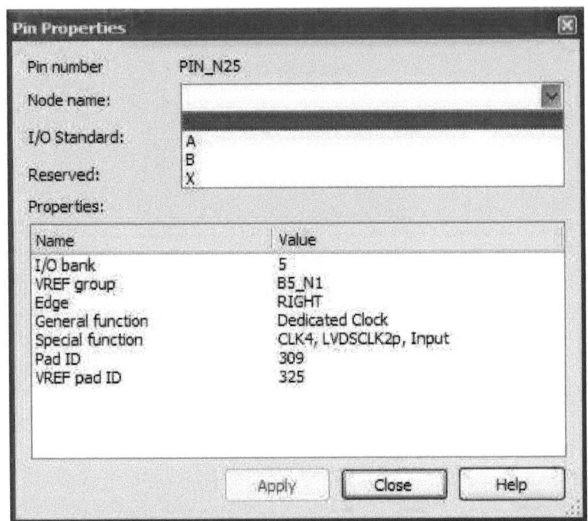

Şekil 4.22. Pin Properties Ekranı

Örnek uygulamamızda A giriş ucu için PIN_N25, B giriş ucu için PIN_N26 ve X çıkışı için de PIN_AE23 seçilmiştir. Bu işlem sonrasında meydana gelen atama sonuçları, "Pin Planner" ekranındaki "All Pins" kısmında görülmektedir.

Named: * Edit: B7_N0 Filter: Pins: all

Node Name	Direction	Location	I/O Bank	VREF Group	I/O Standard	Reserved
A	Input	PIN_N25	5	B5_N1	3.3-V LV...default)	
B	Input	PIN_N26	5	B5_N1	3.3-V LV...default)	
X	Output	PIN_AE23	7	B7_N0	3.3-V LV...default)	
<<new node>>						

Şekil 4.23. All Pins

Aynı işlem Block Diagram/Schematic File çalışma ortamında yapıldığında, VHDL File çalışma ortamından farklı olarak Şekil 4.24'deki gibi, atanan pin değerleri tasarı üzerinde de görülebilmektedir.

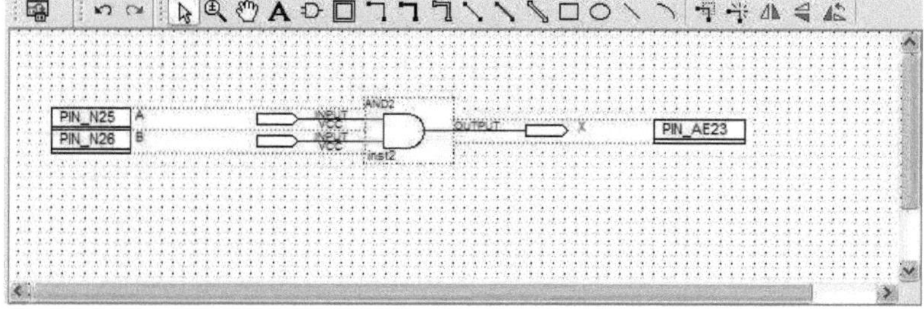

Şekil 4.24. İki Girişli Örnek VE Kapısı için Atanan Pin Değerleri

Derleme ve pin atama işlemi tamamlandıktan sonra, Altera eğitim ve geliştirme kartlarına özgü olan ve tasarının kullanılan donanıma yüklenmesini sağlayan ".sof" uzantılı dosya oluşturulur.

4.4. Çalışmanın FPGA'ya Yüklenmesi

Tasarlanan çalışmanın derlenerek pin atamaları yapıldıktan sonraki en son aşama, bu çalışmanın kullanılan donanıma yüklenerek yürütülmesidir. Bu işlem, Altera kartlarına özgü "USB-Blaster" ara kablosu üzerinden ".sof" uzantılı dosyanın FPGA içerisine yazılmasıyla gerçekleşir [53].

Tasarladığımız örnek VE kapısı uygulamasını derleyip pin atamalarını tamamladıktan sonra oluşan "VE.sof" dosyası, araç çubuğunda yer alan simgesine tıklanarak ya da Şekil 4.25'deki gibi "Tools" menüsü altındaki "Programmer" sekmesine tıklanarak FPGA'ya yükleme işlemi başlatılır.

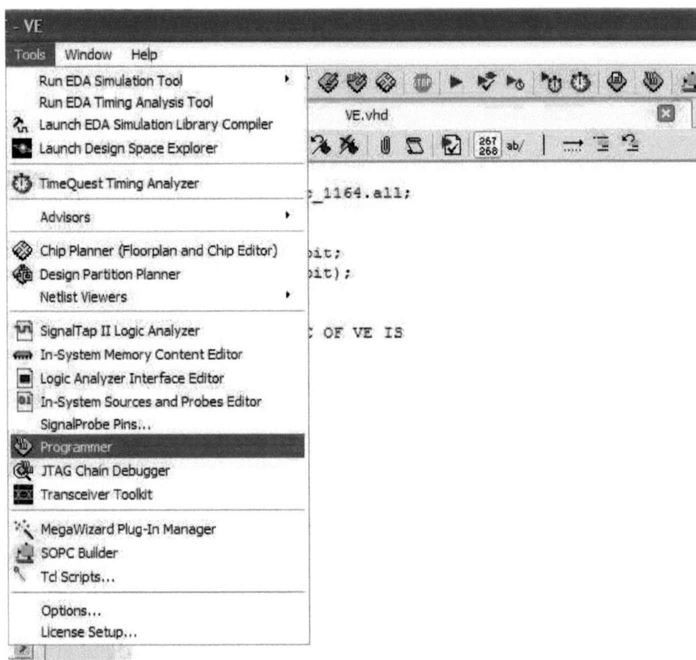

Şekil 4.25. Programmer

Bu aşamadan sonra karşımıza çıkacak olan ekran görüntüsü aşağıdaki gibi olmaktadır.

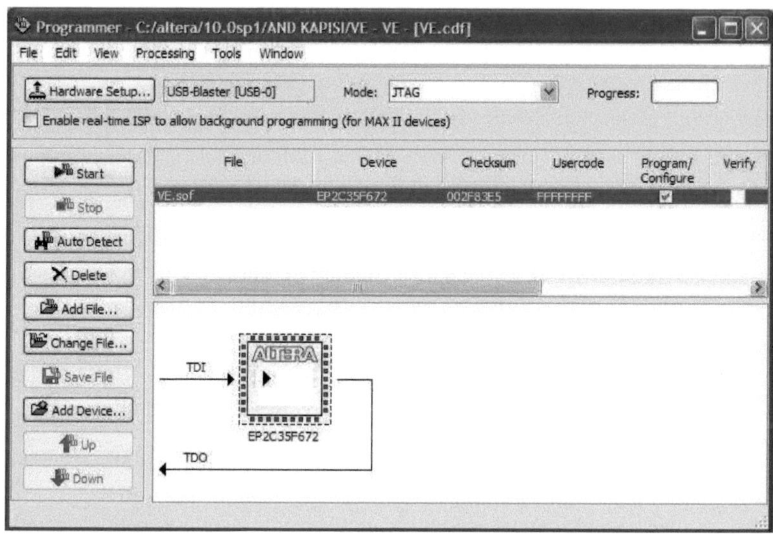

Şekil 4.26. Programmer Ekranı

Şekilden de görüldüğü gibi "VE.sof" dosyası, FPGA modeli ve diğer bilgilerin yer aldığı bilgi ekranı karşımıza gelmekte ve Hardware Setup kısmında da USB-Blaster görünmektedir. Kullanıcının tek yapması gereken "Start" butonuna tıklamak olacaktır.

FPGA'nın doğru bir şekilde yüklendiği, kart üzerindeki bütün görsel üyelerin yükleme esnasında kısa süreli sönmesinden ve Programmer Ekranı üzerindeki "Progress" kısmının %100'ü göstermesinden anlaşılmaktadır.

Şekil 4.27. Progress Kısmı

BÖLÜM 5. TASARLANAN LABORATUAR PROTORİPİ

FPGA tabanlı uzaktan erişilebilir sayısal sistem laboratuarı tasarımında, Altera DE2 eğitim ve geliştirme kartı, Quartus II Web Edition yazılımı araçları, Microsoft Visual Studio 2008 yazılım ortamı üzerindeki C# görsel yazılım platformu, uzak masa üstü erişim imkanı ve bir web kamera kullanılmıştır. Tasarlanan laboratuar, blok diyagram olarak Şekil 5.1'de görüldüğü gibi oluşturulmuştur.

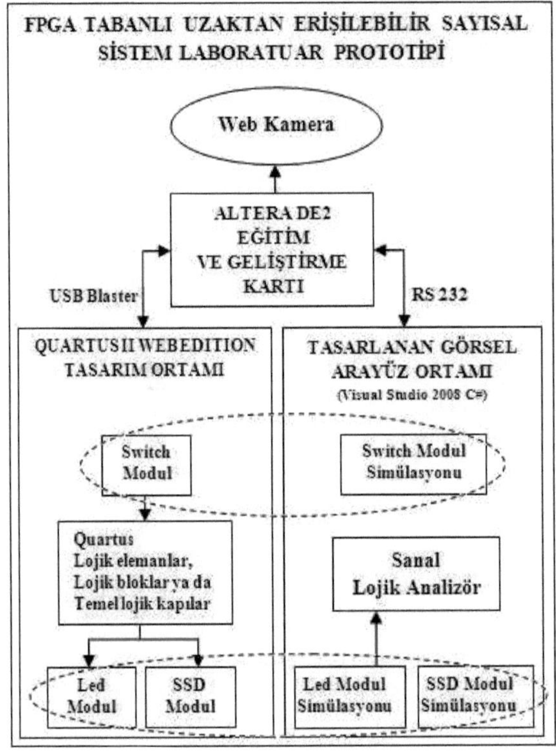

5.1. Tasarlanan Laboratuar Prototipinin Blok Diyagramı

Blok diyagram üzerinden de görüldüğü gibi tasarlanan laboratuar, Altera DE2 eğitim ve geliştirme kartı üzerine kurulmuştur. Bu temel üzerine dayanarak Quartus, C#, uzak masa üstü erişimi ve web kamera öğelerinden yararlanılmıştır. Quartus yazılım araçları ile dijital tasarımlarda kullanılacak olan üç farklı modül oluşturulmuş ve tasarlanan görsel ara yüz ile bu modüller simüle edilerek blok diyagram üzerindeki kesikli çizgilerden de anlaşılacağı gibi birbirlerine bağlantılı hale getirilmiştir.

Kullanıcılar, tasarlanan modülleri kullanarak kendi dijital tasarımlarını oluşturduktan sonra, uzak masa üstü bağlantısı ile laboratuar ortamına erişim sağlar ve FPGA'yı yapılandırır. Sonrasında, görsel ara yüzü kullanarak oluşturduğu dijital tasarım deneyini gerçekleştirir. Aynı zamanda web kamera ile DE2 kartının görüntüsünü canlı olarak görüntüleyebilir ve sanal lojik analizör üzerinden ölçüm değerlerini görebilir. Tasarlanan sistem genel hatlarıyla, Şekil 5.2'de gösterildiği gibidir.

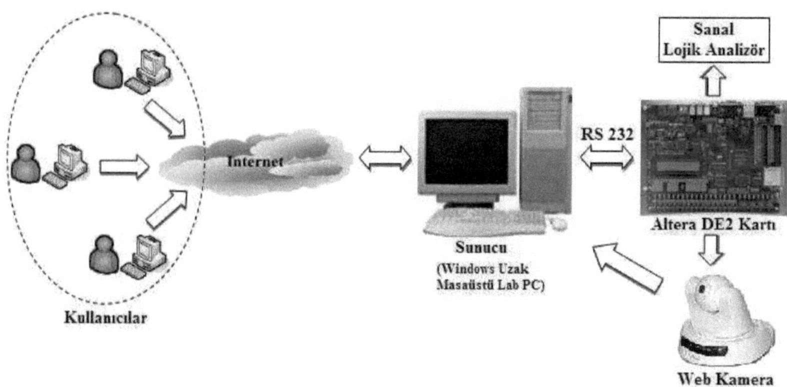

5.2. Tasarlanan Laboratuar Prototipinin Genel Gösterimi

Detaylı açıklamalar ilerleyen sayfalarda sırasıyla yer almakta olup http://eem.bozok.edu.tr/FPGA_Lab/FPGA_Lab.html internet adresi üzerinden de laboratuarın kullanımına yönelik gerekli bilgilere ulaşılabilir.

5.1. Tasarlanan Modül Nesneleri

Tasarlanan prototip laboratuarda kullanılmak üzere, bölüm 3'de ve bölüm 4'de verilen bilgiler doğrultusunda VHDL kod yazılımı [41,54] ve Quartus programı yardımıyla üç farklı modül tasarımı gerçekleştirilmiştir. Bu modüllerden en az biri, laboratuarı kullanan herkesin kendi dijital tasarımı içerisinde olması gerekmektedir.

5.1.1. Switch modül

Switch_modül nesnesi, Altera DE2 kartı üzerindeki kaydırmalı anahtarları sanal olarak simgelemektedir. Yani SW0,SW1,SW2,SW3,SW,SW5,SW6 ve SW7 den her biri bir kaydırmalı anahtar olarak düşünülür. Bu modül Quartus tasarımına eklediğinde, uzak laboratuarda bulunan Altera DE2 kartı üzerindeki kaydırmalı anahtarlar, açılıp kapatabiliyormuş gibi düşünülür. Bu modül dijital tasarımda kullanıldığında, Clkin ucu Altera DE2 kartı pin tablosunda belirtilen 50 MHz clock pinine, Data_rx ucu receive pinine bağlanmalıdır.

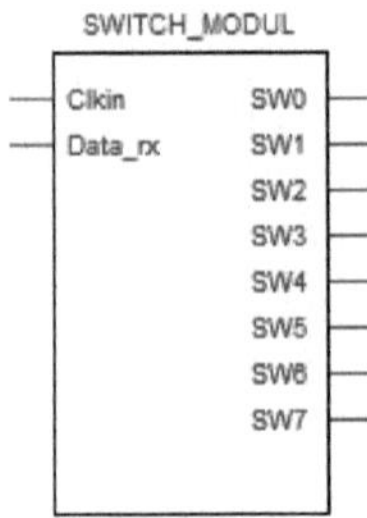

Şekil 5.3. Switch Modül Quartus Nesnesi

Bu nesne, VHDL kodları yardımıyla oluşturulmuş ve bölüm 4'de (4.2.2) açıklandığı gibi Quartus programı ile modül haline çevrilerek, dijital tasarımlar içinde kullanılabilecek bir eleman haline getirilmiştir. VHDL kodları modülün işlevini yerine getirmesini sağlamaktadır. Bu kod kısmı, aşağıda verildiği gibidir.

```
Library ieee;
Use ieee.std_logic_1164.all;
Use ieee.std_logic_unsigned.all;
Entity SWITCH_MODUL is
        Port (Clkin,Data_rx : in std_logic;
        SW0,SW1,SW2,SW3,SW4,SW5,SW6,SW7 : out std_logic);
```

```
End SWITCH_MODUL;
Architecture arc of SWITCH_MODUL is
  signal temp,D,Q : std_logic;
  signal cnt: std_logic_vector(8 downto 0);
  signal clkout : std_logic;
  signal say : integer range 0 to 15;
  signal regat : std_logic_vector(0 to 7);
Begin
Process(Clkin)
    Begin
        if(Clkin'event and Clkin = '1') then
            if (cnt=434) then
            cnt <= (others => '0');
           else
            cnt <= cnt + 1;
           end if;
         end if;
         clkout <= cnt(8);
end process;
Process (clkout,temp)
    Begin
        if(clkout'event and clkout='1') then
              temp <= (not Data_rx) and (not Q);
         D<=not Q;
         if(temp='1') then
         Q <= D;
         regat<=  Data_rx & regat(0 to 6) ;
         end if;
         if(Q='1' and say<9) then
         say<=say+1;
         regat<=  Data_rx & regat(0 to 6) ;
         end if;
         if(Q='1' and say=7) then
         say<=0; Q<='0';
         case regat is
         when "00000000" => SW7<='0';SW6<='0';SW5<='0';SW4<='0';
                                    SW3<='0';SW2<='0';SW1<='0';SW0<='0';
         when "00000001" => SW7<='0';SW6<='0';SW5<='0';SW4<='0';
                                    SW3<='0';SW2<='0';SW1<='0';SW0<='1';
         .
         .
         .
         end case;
         end if;
         end if;
end process;
end arc;
```

Kod kısmına göre, haberleşme protokolü RS232 portu üzerinden gerçekleşmektedir. Modül üzerinde yer alan giriş ucu "Clkin" in simgelediği DE2 kartı üzerinde yer alan 50MHz clock sinyali kullanılarak, 115200 Kbps ileşim hızında veri iletimi sağlamak için bir sayıcı tasarlandığı ve bu iletişim hızında 8 bit veri iletimi yapıldığı görülmektedir. Modül üzerinde yer alan her SW0, SW1, SW2, SW3, SW4, SW5, SW6 ve SW7 çıkışı, Şekil 5.13'de görülen tasarlanan görsel ara yüz kısmındaki kaydırmalı anahtarları simgelemektedir. Görsel ara yüz üzerinden değiştirilen anahtar konumları doğrultusunda bilgisayardan DE2 kartına gönderilen bu 8 bit veri, kod kısmında değerlendirilmekte ve bu veri doğrultusunda modülün çıkışlarını oluşturan SW0,SW1,SW2,SW3,SW,SW5,SW6 ve SW7 sanal anahtar konumları lojik 1 ya da lojik 0 konumlarına çekilebilmektedir. Bu işlem sürekli olarak yenilenmektedir.

5.1.2. Led modül

Led_modül nesnesi, Altera DE2 kartı üzerindeki ledleri sanal olarak simgeler. Yani LED0, LED1, LED2, LED3, LED4, LED5, LED6 ve LED7 den her biri bir led olarak düşünülür. Bu modül Quartus tasarımına eklediğinde, uzak laboratuarda bulunan Altera DE2 kartı üzerindeki ledlerden istenilen 8 tanesini, dijital tasarım çıkışlarının ledlere atanmış olduğu düşünülür. Bu modül dijital tasarımda kullanıldığında, Clkin ucu Altera DE2 kartı pin tablosunda belirtilen 50 MHz clock pinine, Data_tx ucu da transmit pinine bağlanmalıdır.

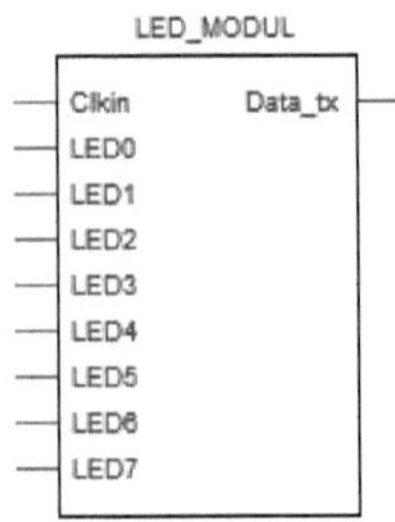

Şekil 5.4. Led Modül Quartus Nesnesi

Bu nesne de switch modül nesnesi gibi VHDL kodları yardımıyla oluşturulmuş ve Quartus programı ile modül haline çevrilerek, dijital tasarımlar içinde kullanılabilecek bir eleman haline getirilmiştir. Bu nesne de asıl görevini VHDL kodları yardımıyla yerine getirmektedir. Bu kod kısmı, aşağıda verildiği gibidir.

```
Library ieee;
Use ieee.std_logic_1164.all;
Use ieee.std_logic_unsigned.all;
Entity LED_MODUL is
        Port (Clkin, LED0,LED1,LED2,LED3,LED4,LED5,LED6,LED7 : in
              std_logic;
        Data_tx : out std_logic);
End LED_MODUL;
Architecture main of LED_MODUL is
   signal cnt: std_logic_vector(9 downto 0);
   signal clkout : std_logic;
   signal send: std_logic_vector(19 downto 0);
   signal compare: std_logic_vector(7 downto 0);
   signal load: std_logic_vector(7 downto 0);
   signal say : integer range 0 to 20;
   signal hold : integer range 0 to 1;
Begin
Process(Clkin)
   Begin
      if(Clkin'event and Clkin = '1') then
         if (cnt=434) then
         cnt <= (others => '0');
         else
         cnt <= cnt + 1;
         end if;
      end if;
      clkout <= cnt(8);
end process;
Process(clkout)
   Begin
      if(clkout'event and clkout = '1') then
      if(say=0 and hold=0) then
          load(0)<= LED0;
          load(1)<= LED1;
          load(2)<= LED2;
          load(3)<= LED3;
          load(4)<= LED4;
          load(5)<= LED5;
          load(6)<= LED6;
          load(7)<= LED7;
```

```
end if;
if(say=0 and hold=0 and compare/=load) then
hold<=1;
end if;
if(say=0 and hold=1) then
compare<=(others=>'0');
compare<=load;
end if;
if(say<20 and hold=1 ) then
case compare is
when "00000000" => send<="10000000001000000000";
when "00000001" => send<="10000000101000000000";
when "00000010" => send<="10000001001000000000";
when "00000011" => send<="10000001101000000000";
.
.
.
Data_tx<=gonder(say);
say<=say+1;
end if;
if(say=20) then
    say<=0; hold<=0;
end if;
  end if;
end process;
end main;
```

Led modüldeki gibi bu nesnenin de haberleşme protokolü RS232 portu üzerinden gerçekleşmektedir. Modül üzerinde yer alan giriş ucu "Clkin" in simgelediği DE2 kartı üzerinde yer alan 50MHz clock sinyali kullanılarak, 115200 Kbps ileşim hızında veri iletimi sağlamak için bir sayıcı tasarlandığı ve bu iletişim hızında 16 bit veri iletimi yapıldığı görülmektedir. Modül üzerinde yer alan her LED0, LED1, LED2, LED3, LED4, LED5, LED6 ve LED7 girişi, Şekil 5.13'de görülen tasarlanan görsel ara yüz kısmındaki LED0, LED1, LED2, LED3, LED4, LED5, LED6 ve LED7 simgelerine karşılık gelmektedir. DE2 kartından bilgisayara gönderilen bu 16 bit veri, bilgisayar tarafından değerlendirilerek, görsel ara yüz kısmındaki sanal led durumlarının değiştirilmesini sağlamaktadır. Bu işlem sürekli olarak yenilenmektedir.

5.1.3. Two_Digit_SSD modül

Bu nesne, adından da anlaşılacağı gibi 2 farklı 7 parçalı göstergeyi(Seven Segment Display) ifade etmektedir. Altera DE2 kartı üzerindeki 7 parçalı göstergelerden istenilen ikisini sanal olarak simgelemektedir. Yani SSD1_a, SSD1_b, SSD1_c, SSD1_d, SSD1_e, SSD1_f ve SSD1_g göstergelerden birinin girişlerini SSD2_a, SSD2_b, SSD2_c, SSD2_d, SSD2_e, SSD2_f ve SSD2_g de diğerinin girişlerini ifade eder. Kullanıcı bu modülü uygulamasına eklediğinde, uygulama sonuçlarını uzak laboratuarda bulunan Altera DE2 kartı üzerindeki 7 parçalı göstergeler üzerinden gerçek olarak görebiliyormuş gibi düşünmelidir. Quartus tasarımında bu modül kullanıldığında, Clkin ucu Altera DE2 kartı pin tablosunda belirtilen 50 MHz clock pinine, Data_tx ucu da transmit pinine bağlanmalıdır.

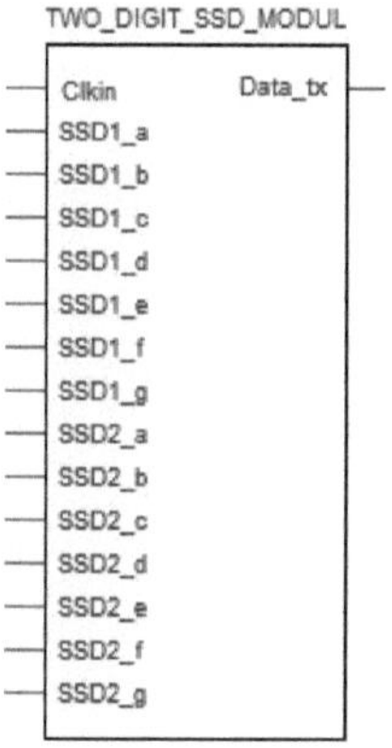

Şekil 5.5. Two_Digit_SSD Modül Quartus Nesnesi

Bu nesne de diğer modül nesneleri gibi VHDL kodları yardımıyla oluşturulmuş ve Quartus programı ile modül haline çevrilerek, dijital tasarımlar içinde kullanılabilecek bir eleman haline getirilmiştir. Asıl görevini, VHDL kodları yardımıyla yerine getirmektedir. Bu kod kısmı, aşağıda verildiği gibidir.

```
Library ieee;
Use ieee.std_logic_1164.all;
Use ieee.std_logic_unsigned.all;
Entity TWO_DIGIT_SSD_MODUL is
        Port (Clkin, SSD1_a, SSD1_b, SSD1_c, SSD1_d, SSD1_e, SSD1_f, SSD1_g,
```

```
            SSD2_a, SSD2_b, SSD2_c, SSD2_d, SSD2_e, SSD2_f, SSD2_g: in
            std_logic;
            Data_tx : out std_logic);
End TWO_DIGIT_SSD_MODUL;
Architecture main of TWO_DIGIT_SSD_MODUL is
   signal cnt: std_logic_vector(9 downto 0);
   signal clkout : std_logic;
   signal load1 : std_logic_vector(6 downto 0);
   signal load2 : std_logic_vector(6 downto 0);
   signal compare1: std_logic_vector(6 downto 0);
   signal compare2: std_logic_vector(6 downto 0);
   signal send: std_logic_vector(19 downto 0);
   signal say : integer range 0 to 20;
   signal hold : integer range 0 to 1;
Begin
Process(Clkin)
   Begin
       if(Clkin'event and Clkin = '1') then
           if (cnt=434) then
           cnt <= (others => '0');
          else
           cnt <= cnt + 1;
          end if;
        end if;
        clkout <= cnt(8);
end process
Process(clkout)
   Begin
       if(clkout'event and clkout = '1') then
       if(say=0 and hold=0) then
            load1(0)<= SSD1_g;
            load1(1)<= SSD1_f;
            load1(2)<= SSD1_e;
            load1(3)<= SSD1_d;
            load1(4)<= SSD1_c;
            load1(5)<= SSD1_b;
            load1(6)<= SSD1_a;
            load2(0)<= SSD2_g;
            load2(1)<= SSD2_f;
            load2(2)<= SSD2_e;
            load2(3)<= SSD2_d;
            load2(4)<= SSD2_c;
            load2(5)<= SSD2_b;
            load2(6)<= SSD2_a;
        end if;
        if(say=0 and hold=0 and compare1/=load1) then
            hold<=1;
       end if;
       if(say=0 and hold=1) then
```

```
            compare1<=load1;
            compare2<=load2;
      end if;
      if(say<20 and hold=1 ) then
      if(compare1="0000001" and compare2="0000001") then
            send<="10000000001000000010";
      end if;
      if(compare1="1001111" and compare2="0000001") then
            send<="10000000101000000010";
      end if;
      if(compare1="0010010" and compare2="0000001") then
            send<="10000001001000000010";
      end if;
      .
      .
      .
            Data_tx<=send(say);
            say<=say+1;
       end if;
      if(say=20) then
            say<=0; hold<=0;
      end if;
      end if;
end process;
end main;
```

Diğer modüllerdeki gibi bu nesnenin de haberleşme protokolü RS232 portu üzerinden gerçekleşmektedir. Modül üzerinde yer alan giriş ucu "Clkin" in simgelediği DE2 kartı üzerinde yer alan 50MHz clock sinyali kullanılarak, 115200 Kbps ileşim hızında veri iletimi sağlamak için bir sayıcı tasarlandığı ve bu iletişim hızında 16 bit veri iletimi yapıldığı görülmektedir. Modül üzerinde yer alan her SSD1 ve SSD2 girişleri, Şekil 5.13'de görülen tasarlanan görsel ara yüz kısmındaki SSD1 ve SSD2 simgelerine karşılık gelmektedir. DE2 kartından bilgisayara gönderilen bu 16 bit veri, bilgisayar tarafından değerlendirilir ve gelen bilgi görsel ara yüz kısmındaki 7 parçalı göstergeler üzerinde sonuç olarak görüntülenir. Bu işlem sürekli olarak yenilenir.

Bu modülün kullanımında dikkat edilmesi gereken diğer bir nokta da, her bir SSD üzerinde yer alan "a, b, c, d, e, f, g" harflerinin, 7 parçalı gösterge üzerinde hangi parçayı simgelediğinin bilinmesidir. Aşağıdaki şekil, bu nesnenin Quartus tasarımında kullanılması durumunda, hangi harfin 7 parçalı gösterge üzerinde hangi parçaya karşılık geldiğini göstermektedir.

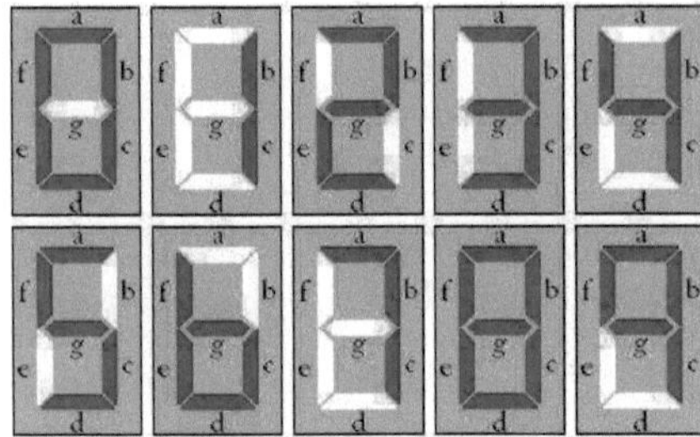

Sayısal Gösterim	7 parçalı Gösterge Karşılığı						
	a	b	c	d	e	f	g
0	1	1	1	1	1	1	0
1	1	1	0	0	0	0	0
2	1	1	0	1	1	0	1
3	1	1	1	1	0	0	1
4	0	1	1	0	0	1	1
5	1	0	1	1	0	1	1
6	0	0	1	1	1	1	1
7	1	1	1	0	0	0	0
8	1	1	1	1	1	1	1
9	1	1	1	0	0	1	1

Şekil 5.6. 7 Parçalı Gösterge Durumları ve Karşılık Tablosu

5.2. RS232 Haberleşme Protokolü

RS232 seri haberleşmede kullanılan en genel protokoldür. Birbirine yakın birimler arasındaki haberleşmeyi sağlar ve bilgiler +15V ve -15V lojik gerilim seviyeleri ile genelde 10 bitlik paketler halinde gönderilir. İletimde saat bilgisi gönderilmediği için iletim asenkrondur. Bu 10 bitlik parçaları oluşturan bitlerden ilki "başla" sonraki 8 tanesi "veri biti" ve sonuncu bit "dur" iti olarak nitelendirilir. Veri bitlerinden önce gönderilen "başla" bitiyle alıcı saatini eşitler ve gönderim başlar. Veri bitlerinin gönderim sırası en düşük ağırlıklı bitten en yüksek ağırlıklı bite doğrudur. Gönderilen 8 veri bitinden sonra gönderilen "dur" biti ile veri gönderimi tamamlanmış olur. Başlangıç biti lojik 0, bitir biti lojik 1'dir. Gönderilen bu bitler baud olarak adlandırılır. Gerilim seviyesi olarak -15V lojik 1, +15V lojik 0 anlamına gelir. Şekil 5.7'de bir başla biti, sekiz veri biti ve bir dur bitinden oluşan 10 bitlik bir paketin gönderim diyagramı yer almaktadır [55].

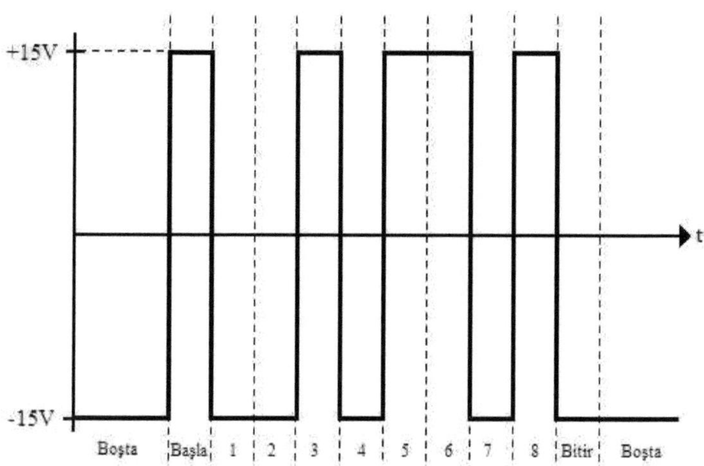

Şekil 5.7. 1 Bayt verinin RS232 ile taşınması

RS232 seri haberleşme protokolünün genel hatları, tasarlanan modüller içerisinde VHDL kodları yardımıyla oluşturulmuştur. Modüller üzerinden yer alan "Data_rx" ve "Data_tx" uçları Şekil 5.8'deki DE2 kartı RS232 bağlantı şeması üzerinde yer alan veri gönderme "UART_TXD" ve veri alma "UART_RXD" uçlarını simgelemektedir.

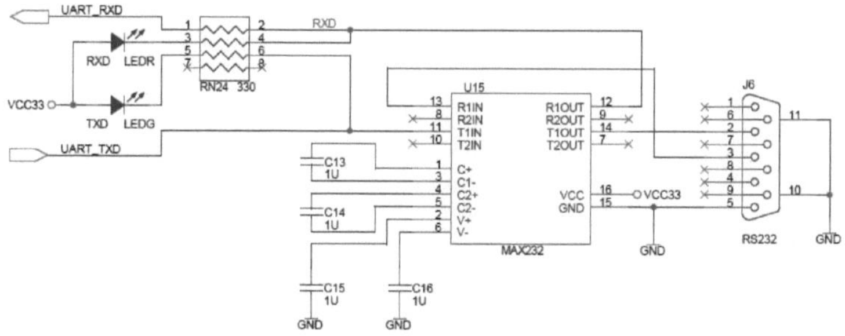

Şekil 5.8. DE2 Kartı RS232 Bağlantı Şeması

Tasarlanan bu seri haberleşme biriminin iletişim hızı 115200 Kbps olarak belirlenmiştir. DE2 kartı üzerinde kullanılan sistemin saat frekansı da 50 MHz olarak seçilmiştir. Bu frekans aynı zamanda tasarlanan modüllerin de "Clkin" girişlerine uygulanan saat frekansıdır. Yani tüm sistemin saat frekansı aynıdır.

5.3. Tasarlanan Modül Nesnelerinin Örnek Bir Uygulama Üzerinden Dijital Tasarım İçerisinde Kullanımının Açıklanması

Bu modüller kullanılarak dijital bir tasarım oluşturulurken, ilk olarak bölüm 4'te (4.1) anlatıldığı gibi yeni bir Quaurtus projesi oluşturulmalıdır. Quartus>File>New Project Wizard yolu izlenerek "COUNTER" isimli bir proje klasörü açıp bu klasör altına "counter" isimli bir proje oluşturalım ve counter isimli projemiz ile 4 bit ileri-geri sayabilen bir sayıcı tasarlayalım. Bu amaç için hem Switch_Modul hem de Led_Modul nesnelerini kullanalım. Bu nesneleri projemiz içinde kullanabilmemiz için Şekil 5.9'da görüldüğü gibi bu nesneleri "COUNTER" isimli proje klasörü içerisine kopyalayalım.

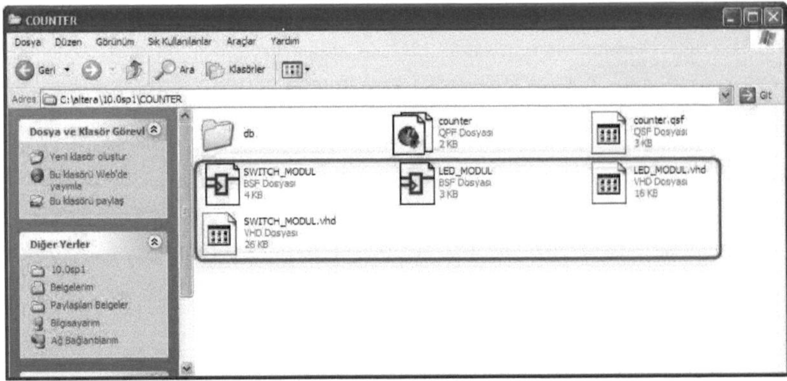

5.9. Modül Nesnelerinin Proje Klasörü Altına Kopyalanması

Sonraki aşamada Quartus tasarımına geçip sayıcı tasarımımızı oluşturalım. Çizim alanı üzerinde çift tıklayarak ya da sembolüne tıklayarak açılan "Symbol" penceresi üzerindeki "Project" klasörü altında yer alan LED_MODUL ve SWITCH_MODUL sembollerini çalışma alanına yerleştirelim.

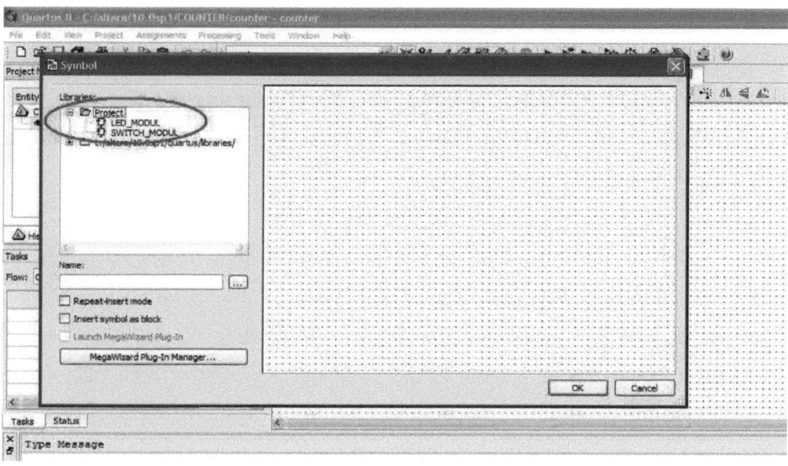

5.10. Modül Nesnelerinin Project Klasöründen Seçilmesi

Project klasörü altındaki modül nesnelerine çift tıklandığında, modüller seçilip çalışma alanında istenilen yere yerleştirilir.

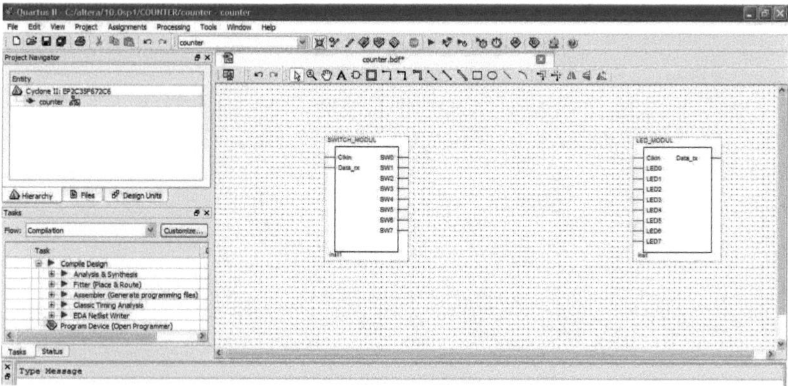

5.11. Modül Nesnelerinin Çalışma Alanına Yerleştirilmesi

Çalışma alanı üzerine yerleştirilen modül nesneleri arasına Şekil 5.12'de görüldüğü gibi JK flip flopları ile tasarlanan 4-bit ileri-geri sayıcı örneği yerleştirilmiştir. SWITCH_MODUL üzerindenki SW0 ucu sayıcının ileriye doğru sayması, SW1 ucu da geriye doğru sayması için kullanılmıştır. Diğer uçlar kullanılmadığı için boş bırakılmıştır. Sayıcı değerlerinin ledler üzerinden görülmesi istendiği için, flip flop çıkışları LED_MODUL üzerindeki LED0, LED1, LED2 ve LED3 ledlerine bağlanmış ve diğer ledler kullanılmadığı için topraklanmıştır. Flip flopların clock uçları ise kullanıcının isteğine bırakılmıştır. Bu örnek üzerinde kolayca görülebilmesi açısından 1Hz clock sinyaline bağlanmıştır.

Dikkat edilmesi gereken nokta, Altera DE2 kartının giriş-çıkış bağlantıları iyi bilinmelidir. Modüller üzerinde yazan "Clkin" uçları kartın 50MHz clock pinine, "Data_rx" ucu receive pinine ve "Data_tx" ucu da transmit pinine bağlanmalıdır. Tasarım bittikten sonra derlenerek FPGA'ya yüklenip laboratuar ortamında deney aşamaları yapılır.

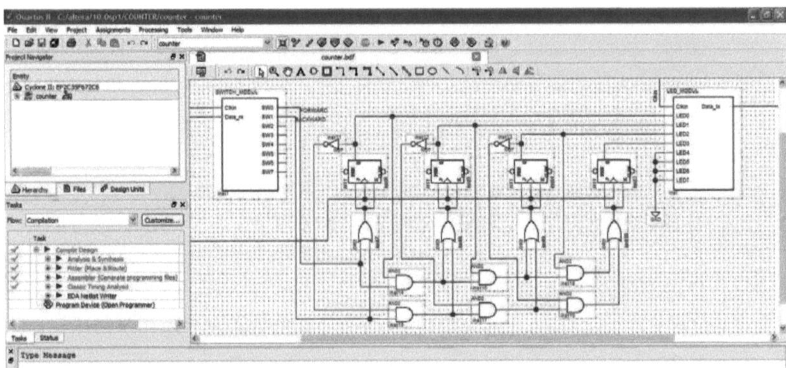

5.12. Switch_Modul ve Led_Modul Nesneleri ile Tasarlanan 4 Bit İleri-Geri Sayıcı Örneği

5.4. Tasarlanan Görsel Arayüz

Üç farklı modül nesnesi kullanılarak Quartus programı yardımıyla oluşturulan dijital tasarım deneyleri, internet aracılığı ile kurulan uzak masa üstü bağlantısı sayesinde Şekil 5.13'de görülen ve uzak laboratuarda bulunan sunucu bilgisayardaki görsel arayüz kullanılarak yapılır.

5.13. Tasarlanan Görsel Arayüz

Bu görsel ara yüz, Microsoft Visual Studio 2008 yazılım ortamı üzerindeki C# görsel yazılım platformu [56] kullanılarak tasarlanmıştır. Şekil üzerinden de görüldüğü gibi, yukarıdan aşağıya doğru sıralanmış olan kaydırmalı anahtarlar bir bütün olarak Şekil 5.3'deki Switch modül Quartus nesnesini, ledler de Şekil 5.4'deki Led modül Quartus nesnesini simgelemektedir. Aynı şekilde, sol kısımda yer alan SSD1 ve SSD2 nesneleri de Şekil 5.5'de gösterilen Two_Digit_SSD_Modul Quartus nesnesini simgelemektedir.

Arayüzün sol üst kısmında laboratuar ortamında yer alan "WEB KAMERA GÖRÜNTÜSÜ" bulunmaktadır. Bu görüntü, DE2 kartı üzerine yerleştirilen bir web kamera aracılığı ile sağlanmış olup laboratuar kullanıcılarına bu kartın canlı görüntüsünü sunmaktadır. Uzaktan erişim laboratuarlarının olmazsa olmazlarındandır. Web kamera görüntüsü altında laboratuar çalışmasının başlatılması ya da durdurulmasını sağlayan "START/STOP ANAHTARI" görülmektedir. Kullanıcı anahtarı 1 konumuna getirdiğinde FPGA'ya yüklenen dijital tasarım sonuçları görsel arayüz üzerinden kullanıcıya sunulmaya başlamaktadır.

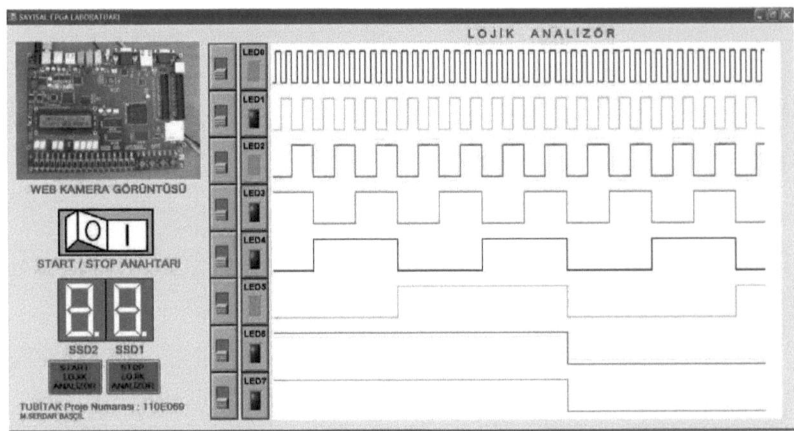

5.14. Sanal Lojik Analizör Görüntüsü

En alt kısımda ise kırmızı butonlarla gösterilen "START LOJİK ANALİZÖR" ve "STOP LOJİK ANALİZÖR" butonları yer almaktadır. Bu butonlar yardımıyla görsel arayüzün sağ kısmında yer alan sanal lojik analizörün başlatılması ya da durdurulması sağlanmaktadır. Sanal lojik analizör, led durumlarının grafiksel olarak kullanıcıya sunulması ve bu durumların periyot ve frekans sıklıklarının gözlenebilmesi için tasarlanmıştır. 8 farklı kanala sahip olup RS232 portu haberleşme aralığına bağlı olarak maksimum 115200Hz zamanlama analizi yapabilmektedir. Her kanal karşınında yer alan lede bağlı bulunmakta olup, led durumları lojik yüksek(1) ya da düşük(0) seviyelerince nitelendirilerek grafiksel olarak simgelemektedir. Sanal lojik analizörün çalışma anındaki görüntüsü Şekil 5.14'de örnek olarak verilmiştir.

5.5. Kullanıcı Sınırlandırmalı Uzak Masaüstü Bağlantısı

Tasarlanan laboratuar ortamına erişim, internet üzerinden uzak masa üstü bağlantısı [57] kullanılarak sağlanmaktadır. Kullanıcıların bu laboratuar ortamına erişim sağlayabilmeleri için kendi bilgisayarları üzerindeki uzak masa üstü erişim ayarlamalarını aşağıda anlatıldığı gibi yapılandırmaları gerekir.

Başlat > Programlar > Donatılar > Uzak Masaüstü Bağlantısı yolunu izlendiğimizde, karşımıza Şekil 5.15'deki gibi Uzak Masaüstü Bağlantısı ekranı gelecektir.

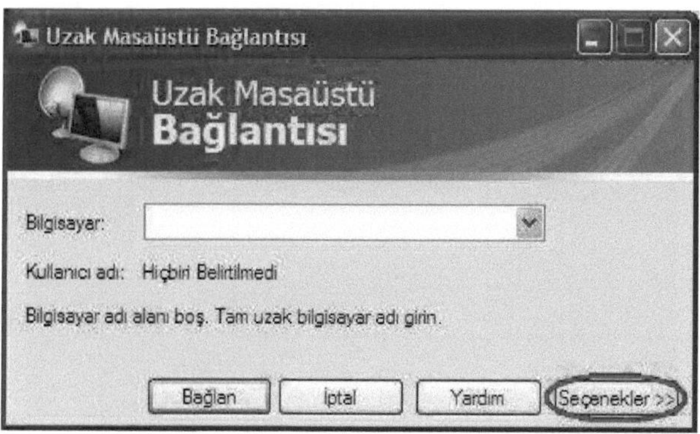

5.15. Uzak Masaüstü Bağlantı Ekranı-1

Uzak bilgisayar ile kendi bilgisayarımız arasında oluşturacağımız bağlantı ayarlarını yapabilmek için bu ekran üzerindeki "Seçenekler >>" butonuna tıklanmalıdır. Karşımıza gelen ekran görüntüsü Şekil 5.16'daki gibi olacaktır. Bu kısımda, uzak laboratuarda yer alan bilgisayarın adını (IP adresi) ve bu bilgisayarda oturum açabilmek için gereken kullanıcı isimlerini girmemiz gereklidir. Şekil üzerinden de görüldüğü gibi uzak laboratuardaki bilgisayarla bağlantı kurabilmek için; "Bilgisayar : 194.27.212.12" ve "Kullanıcı Adı : EEMUH/FPGA_Lab" olarak belirtilmelidir.

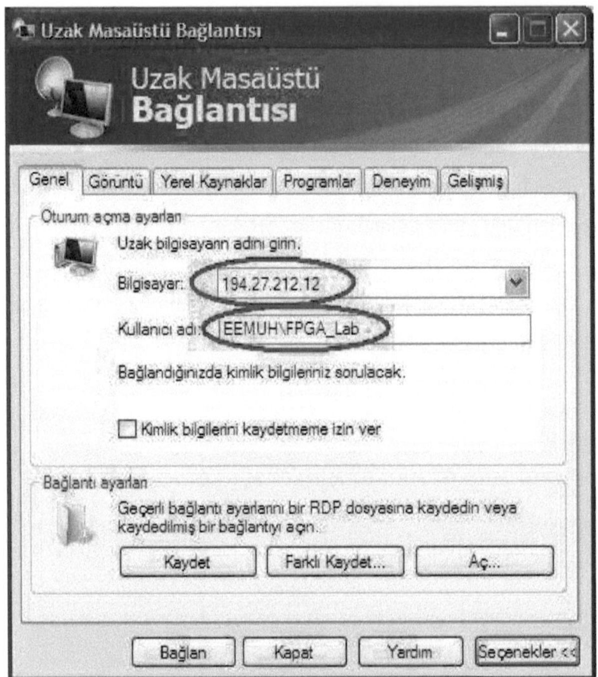

5.16. Uzak Masaüstü Bağlantı Ayarları

Ayrıca, kullanılan modüller ile oluşturduğumuz dijital Quartus tasarımımızı, uzak laboratuardaki bilgisayara aktarıp oradaki DE2 kartına yükleyebilmemiz için kendi bilgisayarımız ile uzak bilgisayar arasında dosya paylaşımına izin vermemiz gereklidir. Bunun için, ilk olarak Şekil 5.17'de görüldüğü gibi Uzak Masaüstü Bağlantısı altında bulunan "Yerel Kaynaklar" sekmesine ve sonrasında burada yer alan "Diğer" isimli butonuna tıklanmalıdır.

Bu şekilde karşımıza gelen ekran Şekil 5.18'deki "Yerel aygıtlar ve kaynaklar" kısmı olacaktır. Bu ekran üzerinde yer alan "Sürücüler" kısmını işaretleyerek "Tamam" butonuna tıklandığında kendi bilgisayarımız ile uzak laboratuarda yer alan bilgisayar arasında dosya paylaşımı sağlanmış olacaktır.

5.17. Uzak Masaüstü Bağlantısı Yerel Kaynaklar

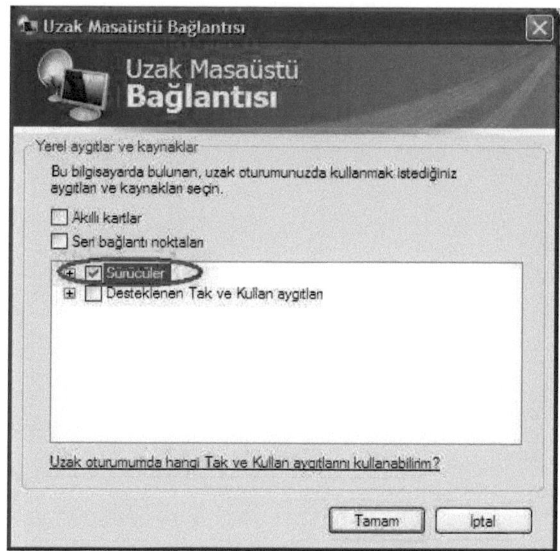

5.18. Uzak Masaüstü Bağlantısı Dosya Paylaşımı

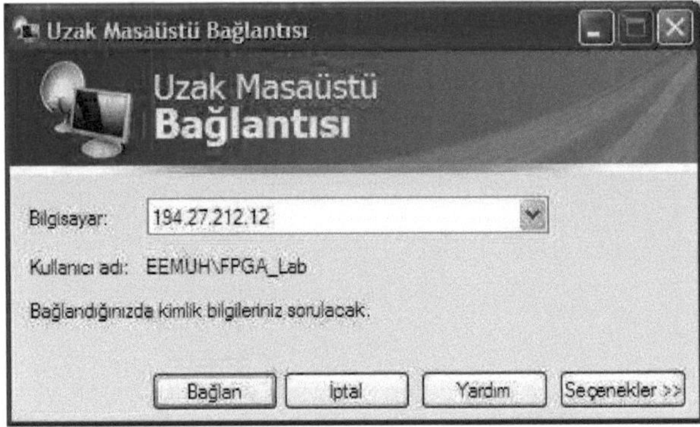

5.19. Uzak Masaüstü Bağlantı Ekranı-2

Bütün ayarlamalar yapıldığında, Uzak Masaüstü Bağlantı ekranı tekrar karşımıza çıkacaktır. Ancak bu kez, Şekil 5.19'da görüldüğü gibi "Bilgisayar" ve "Kullanıcı adı" kısımları, yapılan ayarlamalar doğrultusunda gerekli bilgileri içerecektir. Sonrasında tek yapmamız gereken "Bağlan" butonuna tıklamak olacaktır.

"Bağlan" butonuna tıklandığında karşımıza Şekil 5.20'deki gibi uzak bilgisayarda windows oturum açma ekranı gelecektir.

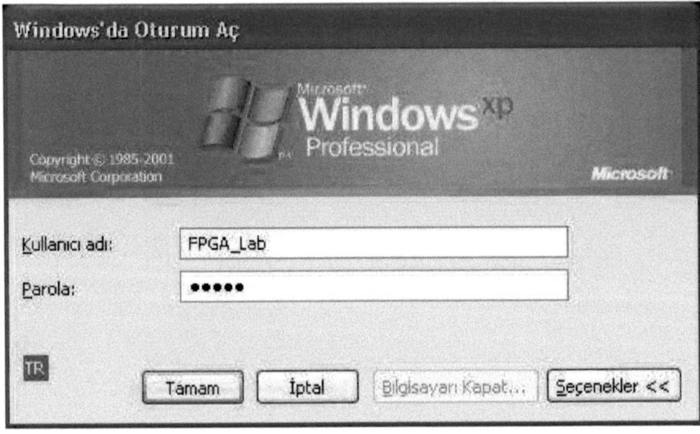

5.20. Uzak Bilgisayar Windows Oturum Açma Ekranı

Bu ekran üzerinde;

Uzak bilgisayar kullanıcı adı **"Kullanıcı adı : FPGA_Lab"** ve uzak bilgisayar parola kısmı **"Parola : 12345"** olarak yazılmalı ve "Tamam" butonuna tıklanmalıdır. Böylelikle uzak bilgisayar bağlantısı kurulmuş olacaktır ve uzak masaüstü görünümü Şekil 5.21'de görüldüğü gibi olacaktır.

5.21. Uzak Masaüstü Görüntüsü

Kullanıcılar uzak masaüstü bağlantısı ile kendi tasarımlarını uzak laboratuardaki bilgisayar üzerine aktarıp, uzak masaüstünde yer alan "Quartus" programını kullanarak oluşturdukları dijital tasarımlarını FPGA'ya yükleyebilecektir. Sonrasında, masaüstünde yer alan "SAYISAL FPGA LABORATUARI" uygulamasını çalıştırarak kendi tasarımlarını uzak laboratuar ortamında uygulamış ve test etmiş olacaklardır.

Bu kısımda vurgulanması gereken başka bir önemli nokta, her hangi bir kullanıcı laboratuarı kullanırken, başka bir kullanıcının laboratuara erişim sağlayamamasıdır. Yani, uzak laboratuar ortamında bir bilgisayara bağlı tek bir DE2 kartı olması sebebiyle laboratuar erişimi sadece bir kullanıcı için sınırlandırılmıştır.

BÖLÜM 6. UYGULAMA VE SONUÇLAR

Bu tez çalışması ile Elektrik Elektronik Mühendisliği'nin temel derslerinden biri olan "Dijital Tasarım" tasarım dersinin daha iyi anlaşılabilmesi ve öğrencilerin donanım ve yazılım bilgilerinin geliştirilmesi için FPGA tabanlı uzaktan erişilebilen sayısal sistem laboratuar prototipi tasarımı oluşturulmuştur. Geliştirilen bu prototip ile öğrencinin lokal laboratuarı kullanabilmesi için kendine ayrılan saatte laboratuara gelmesi gerekliliği ortadan kaldırılarak esnek bir kullanım amacı sağlanmıştır.

Tasarlanan prototip laboratuar aşağıdaki şekilde görüldüğü gibi oluşturulmuştur ve her an kullanıma hazır durumdadır.

6.1. Tasarlanan Prototip Laboratuar

Çalışması ile client/server temellerini üzerine kurulan kullanıcı sınırlandırmalı uzak masa üstü bağlantısı ile laboratuar ortamına erişim sağlanmış, Microsoft Visual

Studio 2008 yazılım ortamı üzerindeki C# görsel yazılım platformu ile tasarlanan görsel bir ara yüz sayesinde deney aşamalarının yapılması ve deney sonuçlarının izlenebilmesi gerçekleştirilmiş, programsal olarak tasarlanan sanal bir lojik analizör ile sistem üzerindeki sinyal durumları, sinyallerin periyot ve frekans sınırları grafiksel olarak kullanıcıların görselliğine sunulmuş ve laboratuarda bulunan DE2 kartının görüntüsü, bir web kamera ile canlı olarak izlenebilmiştir.

Şekil 6.2'de, tez çalışması içerisinde tasarlanan modül nesnelerinden Two_Digit_SSD modül kullanılarak tasarlanan bir 99 sayıcı örneği görülmektedir. Tasarı içerisinde 7 parçalı göstergeleri sürmek için iki adet 7447 display sürücü entegresinden yararlanılmıştır. Sayıcının DE2 kartı üzerindeki 7 parçalı göstergeler üzerinden de izlenebilmesi için modül çıkışları DE2 kartı üzerindeki 7 parçalı gösterge pinlerine de bağlanmıştır. Bu tasarı Quartus ortamında derlenerek uzak laboratuarda yer alan DE2 kartına yüklendiğinde hem kart üzerindeki 7 parçalı göstergeler üzerinde hem de görsel ara yüz üzerindeki SSD1 ve SSD2 nesneleri üzerinde sayma işlemi başlamakta ve her 99 saydıktan sonra başa dönmektedir. DE2 kartının çalışma anındaki görüntüsü Şekil 6.3'de ve bu örneğin çalışma anındaki uzak laboratuar görüntüsü de Şekil 6.4'de görülmektedir.

Örnek üzerinden de görüldüğü gibi, öğrencilerin gerçek laboratuar ortamında yaptıkları, delikli plakete entegre devreyi yerleştirmek, gerekli bağlantıları kablolar ile yapmak, güç bağlantılarını ve gerekli cihazları bağlamak gibi geleneksel deney aşamaları yerine, çalışma içerisinde tasarlanan modül nesnelerini kullanarak Quartus dijital tasarım programı içerisinde bulunan entegre devreleri ile deney düzenini daha hızlı ve etkili bir şekilde görsel olarak oluşturmaları sağlanmıştır. Bu sayede, öğrencilerin donanım ve yazılım üzerinde hakimiyet kurmaları ve hem donanım hem de yazılım üzerindeki kavrama yetilerinin geliştirilmesi sağlanmıştır.

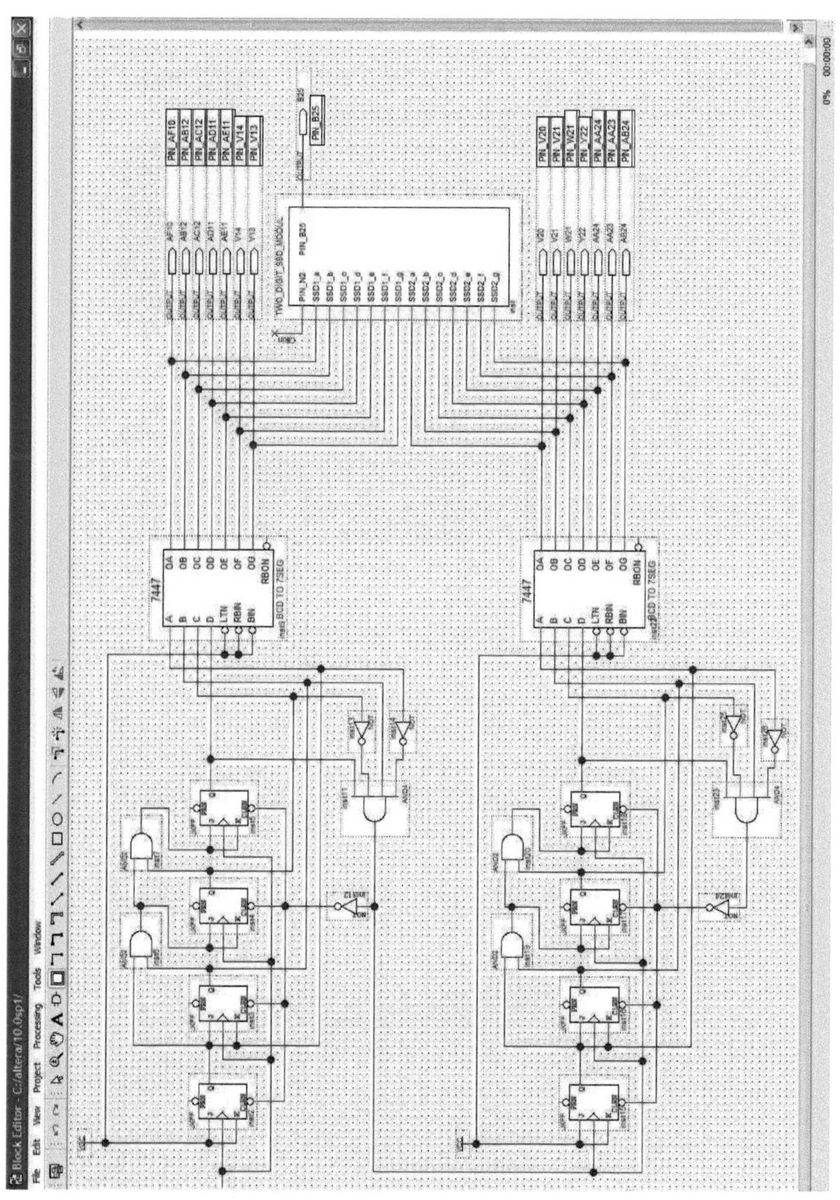

6.2. Two_Digit_SSD Modül Kullanılarak Tasarlanan 99 Sayıcı Örneği

6.3. DE2 Kartının 99 Sayıcı Örneğini Yürütmesi

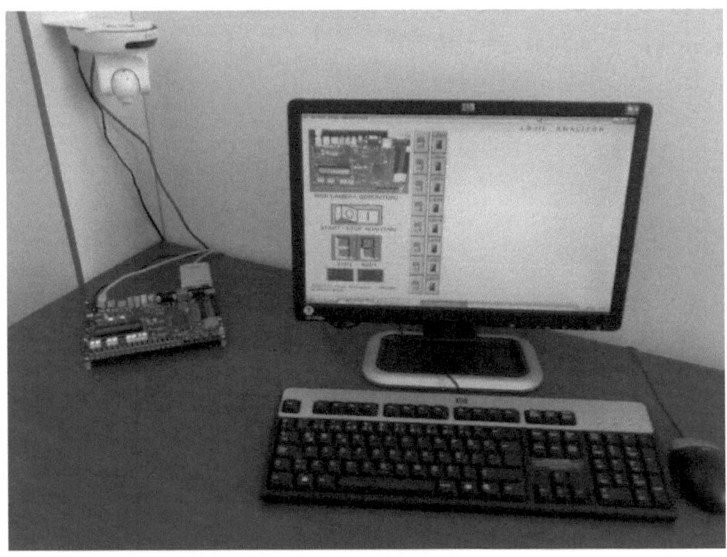

6.4. Çalışan 99 Sayıcı Örneğinin Uzak Laboratuardaki Görüntüsü

Çalışma sayesinde, laboratuar ortamında yapılması muhtemel olan yanlış bağlantı, dikkatsizlik, yanlış ölçüm vb. gibi durumlarda, kullanılan cihazların da zarar görmesi önlenmiş ve öğrencilerin internete ulaşabileceği her hangi bir yerden laboratuar ortamına erişerek deneylerini yapabilecekleri bir ortam sağlanmıştır.

Microsoft Visual Studio 2008 yazılım ortamı üzerindeki C# görsel yazılım platformu yardımıyla tasarlanan ara yüz sayesinde, deney aşamalarının görsel olarak yapılabilmesi ve prototip laboratuar ortamında yer alan web kamera sayesinde de DE2 kartının görüntüsünün canlı olarak izlenebilmesi sağlanmıştır.

Ayrıca, programsal olarak tasarlanan sanal bir lojik analizör ile gereken durumlarda sistem üzerindeki sinyal durumları, sinyallerin periyot ve frekans sınırları grafiksel olarak öğrencilerin görselliğine sunulmuştur.

http://eem.bozok.edu.tr/FPGA_Lab/FPGA_Lab.html internet adresi üzerinden de laboratuarın kullanımına yönelik gerekli bilgilere ulaşılabilir.

BÖLÜM 7. TARTIŞMA VE ÖNERİLER

Çalışmadan elde edilen sonuçların önceki çalışmalar ile kıyaslanması amacıyla, bölüm 1'de incelenen FPGA Tabanlı Uzaktan Erişilebilen Sayısal Sistem Laboratuarı Çalışmaları aşağıdaki tabloda da özet halinde sunulmuştur.

Tablo 7.1. FPGA Tabanlı Uzaktan Erişilebilir Sayısal Sistem Laboratuarı Çalışmaları

Referanslar ve Yapım Yılı	Kullanılan FPGA Kartı	Uzak Bağlantı Tipi	Kullanıcı Erişim Platformu	Kullanılan diğer cihazlar
Nouel ve arkadaşları, 2000	XILINX	Client/Server	JAVA ile tasarlanmış web sayfası	LA
Izurni ve arkadaşları, 2001	ALTERA	Client/Server	Standart web sayfası	BSR
McCracken ve arkadaşları, 2003	ALTERA	VNC	COTS, MS Net Meeting	Web Kamera
Pastor ve arkadaşları, 2004	XILINX	Client/Server	Standart web sayfası	Labomat3
Rusten ve Kolberg, 2004	ALTERA	Client/Server	C# ve JAVA Applet ile tasarlanmış web sayfası	Web kamera
Fujii ve Koike, 2005	XILINX	VPN	Görsel ara yüz	LA
Hashemian ve Pedapati, 2005	XILINX	Client/Server	Standart web sayfası	-
Proske ve Trodhandl, 2006	XILINX	Uzak Masaüstü, Client/Server	X-Windows	Knoppix Cd
Fujii ve Koike, 2006	XILINX	Client/Server	Standart web sayfası	LA
Hashemian ve Riddley, 2007	XILINX	Uzak Masaüstü	LabView görsel ara yüzü	Web kamera
Datta ve Sass, 2007	XILINX	Client/Server	Standart web sayfası	-
Persiano ve arkadaşları, 2007	ALTERA	Client/Server	LabView ile tasarlan mış web sayfası	-
El Medany, 2008	XILINX	Uzak masaüstü	Visual Basic ara yüzü	-
Herrero ve arkadaşları, 2008	XESS	Client/Server	AJAX ile tasarlanmış web sayfası	-
Hui ve Tie-jun, 2008	ALTERA	Web servis teknolojisi	C ve XML	Kompakt Flash Card
Drutarovský ve arkadaşları, 2009	ALTERA	Uzak Masaüstü	LabView GUI	LA ve DHO
Drutarovský ve arkadaşları, 2009	ALTERA	Uzak Masaüstü	LabView GUI	LA, DHO, SJ
Daboin ve Zalewski, 2009	ALTERA	Client/Server	C# ile tasarlanmış web Sayfası	Web kamera

Literatür araştırması sonucu FPGA temelli uzaktan erişilebilir sayısal sistem laboratuarı üzerine yapılan çalışmalar karşılaştırıldığında, Tablo 1'den de görüldüğü gibi Nouel ve arkadaşları (2000), Izurni ve arkadaşları (2001), Pastor ve arkadaşları

(2004), Rusten ve Kolberg, (2004), Hashemian ve Pedapati (2005), Fujii ve Koike (2006), Datta ve Sass (2007), Persiano ve arkadaşları (2007), Herrero arkadaşları (2008), Hui ve Tie-jun (2008) ve Daboin ve Zalewski (2009) gibi çalışmaların LabvieW GUI, C, C#, JavaApplet, PHP vb. gibi görselliğin ön planda tutulduğu programlar ile tasarlanmış görsel bir ara yüz programı üzerinden client/server temelleri üzerine kurulu bir yapı kullanarak, McCracken ve arkadaşlarının (2003) VNC yapısı ile Fujii ve Koike'nin (2005) VPN yapısı kullanarak ve Proske ve Trodhandl (2006), Hashemian ve Riddley (2007), El Medany (2008), Drutarovský arkadaşları (2009) ve yine Drutarovský arkadaşları (2009) gibi çalışmaların da uzak masaüstü bağlantısı kurarak internet aracılığı ile laboratuar ortamına erişim sağladıkları görülmektedir. Bu doğrultuda, çoğu çalışmada da görüldüğü üzere bilimsel açıdan en kullanışlı ve eğitim için en uygun olan yöntem, tasarlanan görsel bir ara yüz programı yardımıyla, client/server temelleri üzerine kurulu bir yapı ile internet üzerinden laboratuar ortamına erişim sağlamak olduğu görülmektedir.

Yine, McCracken ve arkadaşları (2003), Rusten ve Kolberg (2004), Hashemian ve Riddley (2007) ve Daboin ve Zalewski (2009) çalışmalarında, sonuç bilgisinin canlı olarak izlenebilmesi için bir web kamera kullanıldığı görülmektedir. Bu sayede deney sonuçlarının görsel ara yüz programı üzerinden izlenmesi yanında, kamera üzerinden görülmesi diğer çalışmalara göre artı bir avantaj sağlamıştır. Ayrıca, Nouel ve arkadaşları (2000), Fujii ve Koike(2005), Proske ve Trodhandl (2006), Fujii ve Koike (2006), Drutarovský arkadaşları (2009) ve yine Drutarovský arkadaşları (2009) çalışmalarında lojik analizör, osiloskop ve sinyal üreteci gibi laboratuar cihazlarının da kullanıldığı görülmektedir. Bu sayede, deney sonuçlarının daha doğru ve ciddi bir şekilde ölçülüp analiz edilmesi sağlanır. Fakat, kullanılan bu cihazlar kurulacak olan laboratuarın maliyetini arttırır.

Tez çalışması içerisinde, yukarıda örneklenen FPGA tabanlı uzaktan erişilebilir sayısal sistem laboratuarları üzerine bir literatür incelemesi yapılmış, önceki yıllarda yapılan çalışmalar, bu çalışmalarda kullanılan FPGA kitleri, uzak bağlantı türleri, uygulanan yöntemler, tasarlanan görsel ara yüzler ve kullanılan laboratuar cihazları hakkında bilgiler edinilmiştir. Bu doğrultuda, FPGA tabanlı uzaktan erişilebilen sayısal sistem laboratuarlarının geniş bir uygulama imkanı ve geliştirilmeye açık bir konu olduğu görülmüş ve bu tez çalışması ortaya çıkmıştır.

Yapılan çalışma bir prototip teşkil ettiği için, oluşturulan laboratuar içerisinde bir bilgisayar ve buna bağlı tek bir FPGA kartı kullanılmıştır. Bu sebepten dolayı aynı anda sadece bir kişi laboratuarı kullanarak deney yapabilmektedir. Ancak ilerleyen zamanlarda bu sayı arttırılarak birden fazla kişinin aynı anda laboratuarı kullanabilmesi sağlanabilir. Ayrıca, aynı anda birden fazla kişinin laboratuarı kullanmak istediği durumlarda oluşabilecek kargaşayı önlemek adına bir randevu sistemi düzenlenerek laboratuarı kullanmak isteyen öğrencilerin belli bir sıraya göre dizilmeleri ve boş olan laboratuara yönlendirilmeleri sağlanabilir.

Çalışma içerisinde DE2 kartı üzerindeki ledleri simgeleyen Led_Modul, kaydırmalı anahtarları simgeleyen Switch_Modul ve 7 parçalı göstergeleri simgeleyen Two_Digit_SSD_Modul adı altında üç farklı Quartus nesnesi tasarlanmıştır. Bu nesneler sayesinde, öğrencilerin donanım ve yazılım üzerinde hakimiyet kurmaları ve hem donanım hem de yazılım üzerindeki kavrama yetilerinin gelişmesi sağlanmıştır. Sonraki çalışmalarda, bu nesneler DE2 kartının olanaklarına bağlı olarak arttırılabilir. Örneğin, farklı sinyal aralıklarında frekans üreten bir modül ya da DE2 kartı üzerinde yer alan LCD'yi simgeleyen bir modül tasarlanabilir.

Bu çalışma ile, bazı literatür çalışmaları içerisinde laboratuar ortamında kullanılan ve maliyeti arttıran lojik analizör, sinyal jeneratörü ve osiloskop gibi yardımcı cihazların yerine, görsel ara yüz ile birlikte tasarlanan sanal bir lojik analizör tasarımı yapılarak kullanılmıştır. Tasarlanan bu sanal lojik analizör oluşturulan laboratuar maliyetini oldukça azaltmıştır. Ayrıca, ilerleyen zamanlarda osiloskop ve sinyal jeneratörü gibi maliyeti arttıran diğer cihazlar da sanal olarak tasarlanıp laboratuar ortamında kullanılabilir.

KAYNAKLAR

[1] BROWN, S., ROSE, J., Architecture of FPGAs and CPLDs: A Tutorial. IEEE Design and Test of Computers, vol. 13, pp. 42-57, 1996.

[2] SKLYAROV, V., SKLIAROVA, I., E-learning Tools and Remote Reconfigurable Systems for Engineering Education. International Conference on Networking and Information Technology (ICNIT), Manila, Philippines, pp. 11-15, 2010.

[3] THAMES, J. L., HYDER, A., WELLMAN, R., SCHAEFER, D., An Information Technology Infrastructure for Internet-Enabled Remote and Portable Laboratories. Proceedings of the ASME 2009 International Design Engineering Technical Conferences & Computers and Information in Engineering Conference (IDETC/CIE), California, USA, pp. 477-490, 2009.

[4] RAJASEKHAR, Y., FPGA Session Control: A Remote Laboratory Facility for Platform FPGA Education. Master Thesis, University of North Carolina, Electrical Engineering Department, 2008.

[5] SEDCOLE, P., CHEUNG, P. Y. K., CONSTANTINIDES, G., LUK, W., A Structured System Methodology for FPGA Based System-on-a-Chip Design. Proceedings of the 12th Annual IEEE Symposium on Field-Programmable Custom Computing Machines (FCCM'04), California, USA, pp. 271-272, 2004.

[6] GÜNDÜZ, M., BAYKAN, Ö., K., YILDIZ, F., Elektronik Deneyleri için Sanal Laboratuar Uygulaması. Selçuk Üniversitesi Teknik Bilimler MYO, Teknik-Online Dergisi, Cilt no 6, Sayı no 2, Sayfa 61-74, 2007.

[7] DELİKANLI, K., Uzaktan Erişimli Kontrol Laboratuarı. Yüksek Lisans Tezi, Süleyman Demirel Üniversitesi, Fen Bilimleri Enstitüsü, Elektronik Bilgisayar Eğitimi Anabilim Dalı, 2007.

[8] SEINAUSKAS, R., A distance laboratory for computer-aided design. IEEE International Conference on Microelectronic Systems Education (MSE'97), Virginia, USA, pp. 107-108, 1997.

[9] LIN, P., LIN, M., Design and implementation of an internet-based virtual lab system for eLearning support. Proceedings of the 5th IEEE International Conference on Advanced Learning Technologies (ICALT'05), Kaohsiung, Taiwan, pp. 295-296, 2005.

[10] AKTAN, B., BOHUS, C., A., CROWL, L., A., SHOR, M., H., Distance Learning Applied to Control Engineering Laboratories. IEEE Transaction on Education, vol 39(3), pp. 320-326, 1996.

[11] HABA, C., G., BRENIUC, L., Web-based access to educational prototyping boards used in instrumentation laboratory. Proceedings of the 2nd On-line Workshop on Tools for Education in Measurement, Tampere University of Technology, Tampere, Finland, pp. 23-28, 2002.

[12] HUA, J., GANZ, A., Web Enabled Remote Laboratory (R-Lab) Framework. 33rd ASEE/IEEE Frontiers in Education Conference, Colorado, USA, Section T2C, pp. 5-8, 2003.

[13] GUSTAVSSON, I., Remote laboratory experiments in electrical engineering education. 4th International Caracas Conference on Devices, Circuits and Systems, Aruba, pp. (I025-1)-(I025-5), 2002.

[14] CANFORA, G., DAPONTE, P., RAPUANO, S., Remotely accessible laboratory for electronic measurement teaching. Computer Standards & Interfaces, vol. 26, pp. 489-499, 2004.

[15] DOĞAN, İ., ONURHAN, E., Uzaktan Mühendislik Eğitiminde Laboratuar Kullanımı. EMO I. Elektrik Elektronik Bilgisayar Mühendislikleri Eğitim Sempozyumu (I.EEBM Sempozyumu), Ankara, 2003.

[16] IRMAK, E., Uzaktan Erişimli Bir E-Laboratuar Platformunun Tasarımı. Gazi Üniversitesi Mühendislik Mimarlık Fakültesi Dergisi (Journal of The Faculty of Engineering and Architecture of Gazi University), Cilt no 24, Sayı no 2, Sayfa 311-322, 2009.

[17] MALINOWSKI, A., DAHLSTROM, J., CORTEZ, P., F., DEMPSEY, G., MATTUS, C., Web-based remote active presence. Proceedings of the 2000 ASEE Annual Conference & Exposition, Saint Louis, USA, Session 3232, 2000.

[18] ABURDENE, M., F., MASTASCUSA, E., J., MASSENGALE, R., A proposal for a remotely shared control systems laboratory. Proceedings of the ASEE 1991 Frontiers in Education Conference, Indiana, Session 24A3, pp. 589-592, 1991.

[19] MCKEE, G., BARSON, R., Using the Internet to share a robotics laboratory. International Journal of Engineering Education, vol. 12, pp. 115-122, 1996.

[20] ESCHE, S., K., CHASSAPIS, C., An Internet-based remote-access approach to undergraduate laboratory education. Proceedings of the 1998 Fall Regional Conference of the Middle Atlantic Section of ASEE, Boston, USA, pp. 108-113, 1998.

[21] SALZMANN, C., GILLET, D., LATCHMAN, H. A., CRISALLE, O. D., On-line engineering laboratories: real-time control over the Internet. Proceedings of the 1999 ASEE Annual Conference & Exposition, North Carolina, USA, Session 2532, 1999.

[22] CHEN, C., CROTTY, J., Remote Control of Microcontrollers with A Telephone. Proceedings of the 2000 ASEE Annual Conference & Exposition, Missouri, USA, Session 1647, 2000.

[23] FUJII, N., A Time-sharing Remote Laboratory for Hardware Design and Experiment with Shared Resources and Service Management. ITHET 6th Annual International Conference, Dominican Republic, Session T2B, pp. 5-10, 2005.

[24] Çizgi TAGEM, e-Lab FPGA, http://www.cizgi-tagem.org/e-lab (Mayıs 2011).

[25] NOUEL, P., KADIONIK, P., GRESSIER, P., DUFRENE, L., LEMASSON, S., MEDICIS: A New Tool for Remote Programmable FPGA Circuit Testing. Proceedings of the 17th IEEE Instrumentation and Measurement Technology Conference, Maryland, USA, vol. 3, pp. 327-329, 2000.

[26] IZUMI, H., MURAKOSHI, H., MORI, H., SAKAMAKI, K., HATANO, Y., SHIRAI, T., MURAYAMA, S., UGAJIN, T., Proposal of the web-based training system for the experiment of the digital circuit. Industrial Electronics Society (IECON '01), The 27th Annual Conference of the IEEE, Colorado, USA, pp. 1766-1770, 2001.

[27] MCCRACKEN S., ZILIC Z., CHAN, H. Y. H., Real Laboratories for Distance Education. Journal of Computing and Information Technology, vol. 11, pp. 67-76, 2003.

[28] PASTOR, J. S., GONZALEZ, I., LOPEZ, J., GOMEZ-ARRIBAS, F., MARTINEZ, J., A remote laboratory for debugging FPGA-based microprocessor prototypes. Proceedings of the IEEE International Conference on Advanced Learning Technologies (ICALT'04), Finland, pp. 86-90, 2004.

[29] RUSTEN, J., KOLBERG, S., Online FPGA laboratory for interactive digital design. International Conference on Engineering Education (ICEE'04), Gainesville, Florida, 2004.

[30] HASHEMIAN, R., PEDAPATI, C., Blackboard-Based Digital Hardware Design Using FPGAs. American Society for Engineering Education, IL/IN Sectional Conference, Illinois, USA, Session B-T3-4, 2005.

[31] PROSKE, M., TRODHANDL, C., Anytime, Everywhere - Approaches to Distance Labs in Embedded Systems Education. Information and Communication Technologies (ICTTA '06), Syria, pp. 589-594, 2006.

[32] FUJII, N., KOIKE, N., New Virtual Remote Laboratory Environments for Logic Circuit Design Realizing an efficient sharing of Test Equipments and Concurrent User Support. International Conference on Information Technology Based Higher Education and Training (7th ITHET'06),

Australia, pp. 517-522, 2006.

[33] HASHEMIAN, R., RIDDLEY, J., A method to design, construct and test digital hardware all in classroom environment. Frontiers In Education Conference - Global Engineering (37th FIE'07), USA, pp. T3G-1-6, 2007.

[34] DATTA, K., SASS, R., RBoot: Software Infrastructure for a Remote FPGA Laboratory. 15th Annual IEEE Symposium on Field-Programmable Custom Computing Machines (FCCM'07), USA, pp. 343-344, 2007.

[35] PERSIANO, G. V., RAPUANO, S., ZOINO, F., MORGANELLA, A., CHIUSOLO, G., Distance Learning in Digital Electronics: Laboratory Practice on FPGA. Proceeding of the Instrumentation and Measurement Technology Conference (IMTC'07), Warsaw, Poland, pp. 1-6, 2007.

[36] EL-MEDANY, W. M., FPGA remote laboratory for hardware e-learning courses. Computational Technologies in Electrical and Electronics Engineering, SIBIRCON 2008, IEEE Region 8 International Conference on, Novosibirsk, Russia, pp. 106-109, 2008.

[37] HERRERO, A. F., ELGUEZABAL, I., VALLEJO, M. L., A Web-Based Environment Providing Remote Access to FPGA Platforms for Teaching Digital Hardware Design. IADIS Multi Conference on Computer Science and Information Systems, The Netherlands, 2008.

[38] HUI, Z., TIE-JUN, X., An innovative remote experiment system for FPGA-based curriculum. IEEE International Symposium on IT in Medicine and Education (ITME'08), Xiamen, China, pp. 870-875, 2008.

[39] DRUTAROVSKÝ, M., ŠALIGA, J., MICHAELI, L., HRONCOVÁ, I., Remote Laboratory for FPGA Based Reconfigurable Systems Testing. XIX IMEKO World Congress Fundamental and Applied Metrology, Lisbon, Portugal, 2009.

[40] DRUTAROVSKÝ, M., ŠALIGA, J., HRONCOVÁ, I., Hardware Infrastructure of Remote Laboratory for Experimental Testing of FPGA Based Complex Reconfigurable Systems. Acta Electrotechnica et Informatica, Slovak Republic, vol. 9, pp. 44-50, 2009.

[41] DABOIN, C., ZALEWSKI, J., Lab Station for Remote Measurement and Control in Teaching Real-Time Embedded Systems and Software Engineering. 30th IFAC Workshop on Real-Time Programming and 4th International Workshop on Real-Time Software, Poland, pp. 43-48, 2009.

[42] PARALI, L., TAŞKIN, S., PINAR, A. M., FPGA Donanımı ile Görsel Tabanlı Ölçme Sistemi. 5. Uluslararası İleri Teknolojiler Sempozyumu (IATS'09), Karabük, Türkiye, 2009.

[43] AYDIN, A., FPGA Yonga Mimarisi ve Kullanımı. Lisans Bitirme Tezi, Türkiye, Süleyman Demirel Üniversitesi, Elektronik ve Haberleşme Mühendisliği Bölümü, 2005.

[44] AKTAŞ, M., FPGA Mimarisi. Bilgisayar Mimarisinde Yeni Yaklaşımlar Ders Raporu, Türkiye, İstanbul Teknik Üniversitesi Bilişim Enstitüsü Bilgisayar Bilimleri, 2008.

[45] Altera, DE2 Development and Education Board, http://www.altera.com/education/univ/materials/boards/de2/unv-de2-board.html (Mayıs 2011).

[46] Altera, Altera's Cyclone II FPGA Family Features, http://www.altera.com/products/devices/cyclone2/features/cy2-features.html (Mayıs 2011).

[47] Wikipedia, VHDL, http://en.wikipedia.org/wiki/VHDL (Mayıs 2011).

[48] PEDRONI, V. A., Circuit Design with VHDL, MIT Press, 375 pages, England, August 2004, ISBN:0-262-16224-5.

[49] ASHENDEN, P. J., VHDL Tutorial. EDA Consultant,Ashenden Design PTY. LTD., USA, 2004.

[50] Altera, Quartus II Web Edition Software, https://www.altera.com/download/software/quartus-ii-we (Mayıs 2011).

[51] Altera, Introduction to the Quartus II Software Version 10.0. Altera Corporation, 101 Innovation Drive, San Jose, USA, 2010.

[52] RAHAMAN, S., Altera Quartus II Tutorial. University of Illinois, Department of Electrical and Computer Engineering, Chicago, USA, 2009.

[53] Altera, USB-Blaster Driver for Windows XP, http://www.altera.com/download/ drivers/usb-blaster/dri-usb-blaster-xp.html (Mayıs 2011).

[54] VAHID, F., LYSECKY, R., VHDL for Digital Design. John Willey Press, 192 pages, April 2007, ISBN : 9780470052631.

[55] ÖZCAN, A. R., Gerçek Zamanlı Lineer Görüntü İşleme Algoritmalarının FPGA ile Gerçeklenmesi. Yüksek Lisans Bitirme Tezi, Yıldız Teknik Üniversitesi, Elektronik ve Haberleşme Mühendisliği Bölümü, 2009.

[56] SHARP, J., Microsoft Visual C# 2008 Step by Step. Microsoft Press, 656 pages, December 2007, ISBN-13 : 978-0735624306.

[57] Microsoft Destek, Windoxs XP Uzak Masaüstü Özelliği, http://support.microsoft.com/kb/315328/tr (Mayıs 2011).

Printed by Books on Demand GmbH, Norderstedt / Germany